全国高等学校学生信息咨询与就业指导中心创业类慕课建设项目资助（项目编号：CY16214）

创新创业新知与实践

陈　昀　赵　玮　主编

电子工业出版社·

Publishing House of Electronics Industry

北京·BEIJING

内 容 简 介

本书在阐释创业、创新基本概念基础上，将创业活动简化为"机会（Opportunity）""产品（Product）""资源（Resource）""企业（Enterprise）"四个阶段（以下简称"OPRE"模型），并以此作为全书结构和内容编排的基础。全书分为创新创业概论、创业者与创业团队、识别创业机会、开发创业产品、整合创业资源、创立与管理新企业 6 章，突出强调创业产品开发在创业活动中的作用，在创业理论与创业实践之间架起一座桥梁。章后"扩展阅读"部分增加中国"双创"、创业者的道德与社会责任、创造力、设计思维、步步为营与资源拼凑等创新创业前沿知识，以拓展对创新创业活动发展的理解与认识。

本书适合作为应用型本科、专科高校的创新创业基础类课程教材，也可以作为创业者的参考书，还可以作为创业培训的教材。

图书在版编目（CIP）数据

创新创业新知与实践 / 陈昀，赵玮主编. —北京：电子工业出版社，2020.9

ISBN 978-7-121-39668-7

Ⅰ. ①创⋯ Ⅱ. ①陈⋯ ②赵⋯ Ⅲ. ①创业—研究 Ⅳ. ①F241.4

中国版本图书馆 CIP 数据核字（2020）第 182879 号

责任编辑：王赫男

印　　刷：天津画中画印刷有限公司

装　　订：天津画中画印刷有限公司

出版发行：电子工业出版社

　　　　　北京市海淀区万寿路 173 信箱　邮编：100036

开　　本：720×1 000　1/16　印张：12.25　字数：247 千字

版　　次：2020 年 9 月第 1 版

印　　次：2025 年 1 月第 12 次印刷

定　　价：38.00 元

前　言

创新与创业是推动一个国家/地区经济社会发展的重要力量。但是相对于全球范围内创新创业活动的持续、快速发展，全球创新创业教育仍相对落后。《全球创业观察 2019/2020 报告》显示，学校的创业教育普遍被认为是最不发达、最薄弱的。如何发展完善创新创业教育，提高人才培养成效已成为当前各国/地区面临的普遍问题。

按照教育部要求，从 2016 年起全国所有高校都要设置创新创业教育课程，对全体学生开发开设创新创业教育必修课和选修课，纳入学分管理。但是从教育实践看，由于各个高校类型、层次及人才培养目标不同，创新创业教育模式应有所差异，各高校需要基于自身实际探索凝练各具特色的创新创业教育模式。应用型本科教育是我国高等教育的重要组成部分之一，其特点在于：一是以培养应用型人才为主；二是以培养本科生为主；三是以教学为主；四是以面向地方为主。[①]推动普通本科高校向应用型转变，是国家的重大决策部署，是教育领域人才供给侧结构性改革的重要内容。作为长期在应用型本科高校工作的教师，我们编写一本面向应用型本科的创新创业教材，既是对多年创新创业教育探索的总结，也是希望与更多同仁交流对创新创业教育改革的体会，希望共同推动应用型本科创新创业教育发展，提高创新创业教育人才培养质量。

本书对于应用型本科创新创业教育的探索，主要体现在如下四个方面。

1. 突出创业行动

"创业即行动"，但创业活动不同于一般商业活动，具有快速迭代、即兴而做等特殊性。本书将创业活动简化为"机会（Opportunity）""产品（Product）""资源（Resource）""企业（Enterprise）"四个阶段（以下简称"OPRE"模型），并以此作为全书结构和内容编排的基础。通过凸显创业关键核心环节，帮助学习者快速建立创业活动认知框架。此外，在第二章"创业者与创业团队"部分，增加"创业者认知"内容，介绍创业者创业意愿形成、创业者决策思维等研究成果，进一

---

① 潘懋元，石慧霞. 应用型人才培养的历史探源[J]. 江苏高教，2009（1）：7-10.

步说明创业者如何思维和行动，哪些力量推动了创业者的创业行动，丰富对创业者行动内在逻辑的理解与认识。

2. 聚焦产品导向

任何创业活动都需要围绕具体的产品展开。具体的产品既是通过机会识别获得创意的预期实践成果，也是商业模式开发、创业资源筹措的对象与基础。本书将产品开发作为创业过程的关键环节之一，采用独立成章的形式，置于机会识别与创业项目启动两章中间，深入介绍创业产品开发特点、过程及策略。产品导向的内容安排在创业理论与创业实践之间架起一座桥梁，不仅有助于学习者完成从概念到实践的成功一跃，切实提升学习者的实践动手能力，而且便于教师展开教学活动，对教学成果进行评估。

3. 强化创新精神

创新与创业相互促进、相互转化，创新精神是创业者实现创业成功的关键要素之一。本书通过丰富创新相关内容介绍以及实践技能训练，让学习者理解创新在创业活动中的作用、什么是创造性思维、如何提高自身的创造力，以强化学习者创新精神，提高创新创造创业能力。在开篇第一章"创新创业概论"部分，阐释创新的内涵与类型，以及创新与创业的关系。在第三章"创业机会识别"部分，介绍"创造力"相关研究成果。本书中"创新创业"新知、实践栏目也增加了创新相关内容与案例。

4. 注重知识拓展

创新创业是高度复杂的社会性活动，而且随着内外部环境变化，创新创业活动也在快速发展变化。创新创业教育不仅需要强化实践，提升学习者实践动手能力，而且需要理论阐释实践，分析现象背后的逻辑，引领实践。为帮助学习者了解创新创业研究领域的发展，本书增加了相关领域的最新研究成果，以深化学习者对创新创业活动的理解。在第二章"创业者与创业团队"部分，增加"创业认知"等内容。新增"创新创业·新知"和"扩展阅读"等栏目，对于中国"双创"、设计思维等内容进行专题介绍。

自 2008 年在校内开设《创业管理》公选课以来，我们先后参加过美国百森商学院、香港城市大学、清华大学、浙江大学、南开大学等高校组织的多个创新创业教育相关培训会议。本书在写作过程中广泛吸收了相关培训专家学者和参会同仁的思想与建议。在此向各位专家同仁表示感谢！

　　本书的编著工作主要由陈昀和赵玮共同完成，其中陈昀负责第一、四章，赵玮负责第五章，刘翠负责第二章，孙一平负责第三、六章。硕士研究生黄睿、何雨桐、谢思敏承担了部分"扩展阅读"资料的收集与整理工作。陈昀和赵玮负责全书的审校。

　　编著本书是我们探索推动面向应用型本科创新创业教育的一项具体实践。诚挚欢迎读者们通过下面的邮件地址与我们分享反馈意见、建议和批评！

陈昀

2020 年 7 月

chenyun@hbue.edu.cn

目　录

第一章 创新创业概论

学习目标

了解全球创业发展与趋势
了解中国创业实践发展
掌握创业的含义、分类与过程
掌握创新的含义与分类
理解创业与创新的关系

开篇案例

中国创业发展步入新阶段

2018 年 1 月，清华大学二十国集团创业研究中心和启迪创新研究院联合在北京发布《全球创业观察 2016—2017 中国报告》。报告显示，中国创业活动的质量在提高。从中国早期创业活动的结构特征来看，机会型创业占比由 2009 年的 50.87%提高到 2016—2017 年的 70.75%；同时，中国创业者的产品创新性、创业成长性和国际化程度也在提高。2009 年，20.19%的创业者认为自己提供的产品或服务具有创新性，2016—2017 年占比 28.76%；2009 年，15.65%的创业者认为企业具备高成长潜力，可以在 5 年内创造 10 个或 10 个以上的就业岗位，2016—2017 年占比为 22.74%；创业者的海外客户比例提升最为明显，2009 年仅有 1.4%的创业者针对海外市场，而 2016—2017 年 7.67%的中国创业者拥有海外客户。

报告显示，中国的创业生态环境在改善，但在教育培训、商务环境和研发转移方面的发展仍然缓慢或停滞不前。中国创业环境综合指数由 2010 年的 2.87 上升到 2016—2017 年度的 3.10，这说明中国创业环境的总体情况在不断改善。具体到创业环境条件，中国创业环境在政府政策支持、金融支持以及社会文化规范方面都较 2010 年有了明显的提升，但是与创新驱动经济体和 G20[①]经济体的平均水平相比，在商务环境的改善方面亟需提高。

报告显示，与 G20 其他经济体相似，青年是中国创业活动的主体，高收入人群更愿意创业，社会对创业的认可程度较高，创业动机以机会型为主。中国创业活动最活跃的年龄段是 18～34 岁的青年阶段，占总体创业者的 44.39%。中国较高收入人群（即收入较高的 33%人口）中有 13.84%为创业者，而在中等收入和低收入人群中，分别为 6.47%和 6.9%。中国有 70.29%的受访者认为创业是一个好的职业选择。企业不盈利是中国创业者中止创业的主要原因，中国由于企业不盈利而中止创业的占比 38.91%。

报告显示，中国在创业活跃程度、女性创业占比、创业者受教育程度、高附加值商业服务业创业和创业者创业能力自我感知方面与 G20 其他经济体存在差异。2016—2017 年度，中国早期创业活动指数为 10.5，总体创业活跃程度处于 G20 经济体中的中间水平。中国女性创业活跃程度约为男性的 70%。中国参与早期创业的人员中，具有大专及以上文化程度的占比为 47%，与加拿大（82%）、法国（81%）、美国（79%）等国相比，中国的数据远低于发达经济体。中国商业服务业的创业占比相对较低，数据为 12.46%，而顾客服务业的创业占比最高，数据为 62.68%。在 G20 经济体中，英国（34.7%）、美国（33.6%）和法国（31.4%）等国家的商业服务业创业所占比均较高。中国创业者认为自己具备创业能力的占比较低，数据为 29.8%。在 G20 经济体中，平均有 44.86%的受访者认为自己具备创业能力。

资料来源：人民网.http://finance.people.com.cn/n1/2018/0128/c1004-29791128.html

改革开放以来，中国的创业实践蓬勃发展。创业在推动经济发展、增加就业、促进技术及产品创新等方面的作用日益凸显。中国创业活动发展是国家政策推动与创业者群体积极行动的成果，是全球创业革命在中国的具体实践。当前全球创业发展正迎来新的高潮，了解全球创业活动的发展趋势，认识创业活动的本质特征，有助于进一步推进中国创业实践的蓬勃发展。

---

① G20：二十国集团（G20）由七国集团财长会议于 1999 年倡议成立，由阿根廷、澳大利亚、巴西、加拿大、中国、法国、德国、印度、印度尼西亚、意大利、日本、韩国、墨西哥、俄罗斯、沙特阿拉伯、南非、土耳其、英国、美国及欧盟 20 方组成。

第一节　创业型社会的崛起

一、从历史看创业

创业是一个长期存在的社会现象[①]，只是在过去的很长时间内人们并没有使用"创业"这一概念来定义创业活动。有关创业活动的讨论源于对企业家这一相对特殊群体的认识。

"企业家"一词源于法语词汇"Entreprendre"，最早见于 16 世纪，最初的含义是"承担"（to undertake），是指参与军事征战的人。1755 年，法国经济学家理查德·坎特龙在《一般商业之性质》一书中首次将企业定义为承担某种风险的活动，因为企业需要以确定的价格购买商品，然后以不确定的价格售出商品。坎特龙将每一个从事经济行为的人都称为企业家，因为这些人需要承担市场的不确定性风险，不能按照固定价格买卖商品。坎特龙对企业家的论述是经济领域学者对创业行为的最早描述，从此，创业开始与风险紧密相连。18 世纪后期，重农学派经济学家魁奈与鲍杜把从事农业种植的人称为企业家。他们认为，唯有土地是社会产品的来源，所以从事农业的企业家至关重要。魁奈与鲍杜首次将企业家与产业相联系，并将其含义由"承担风险"扩展到"承担风险与创新"两个方面。

19 世纪初，企业家的含义逐渐从农业扩展到工业以及整个经济活动中。让·萨伊在其著作《政治经济学论文》及《政治经济学精义》中指出，企业家是"将一切生产手段（劳动、各种形态的资本或土地等）组合起来的经济行为者，是在作为使用生产手段的结果（产品）的价值中，能够发现可用于扩大总资本，并用于支付工资、利息或地租以及归属自己利润的人"。"他必须预见特定产品的需求以及生产手段，必须发现顾客，一言以蔽之，他必须掌握监督与管理的技能。""在如此复杂的活动过程中，克服许多困难，压抑住许多忧虑，开动脑筋想出许多办法。"显然，萨伊认为，企业家是具有判断力、忍耐力等特殊素质以及掌握了监督和管理才能的人。

现代意义上的企业家的出现是与生产力发展及现代公司出现密切相关的。19 世纪 70 年代后期，美国经济学家首先探讨了与资本所有者不同的企业家所独有的职能。例如，沃克强调资本家只提供资金并以利息的形式取得报酬，企业家则有效地管理企业，他们以利润为报酬，两者有本质上的区别。康蒙斯则认为，承担

---

① 有证据表明，远在 2 万～3 万年前的史前文明时期，就存在不同形式的物物交易甚至是小规模的珍稀物品交易。参见乔·卡伦. 创业简史[M]. 王瑶，译. 北京：中国人民大学出版社，2017.

风险的企业家所得的利润是利润的一种形式，它产生于企业家的能力及其所承担的风险，这是暂时的、可变的。而克拉克则把企业家的利润看成扣除利息和地租的剩余，它的取得是由于企业家把技术、经营或改善组织应用于经济过程。

真正理解企业家职能和作用的是哈佛大学经济学家约瑟夫·熊彼特。熊彼特在1912年出版的《经济发展理论》及1942年出版的《资本主义、社会主义和民主主义》等著作中指出：企业家是"工业社会的英雄"和"伟大的创新者""企业是实现新的生产要素组合的经营单位，而企业家是实现生产要素组合的人"，企业家的职能是"创造性破坏"。这种组合并不是对原有组合方式的简单重复，而是一种创新。通过重新组合，建立新的企业生产函数，从而推动社会经济的连续变化和发展。

20世纪70年代中后期，西方经济社会发展出现重大变化，知识与技术替代资本和劳动力成为经济增长的主要推动力，以规模经济和范围经济见长的大企业遭遇严重危机，创业活动和小企业蓬勃发展，并在就业、创新和区域发展等方面做出突出贡献。在美国，由"硅谷"中小企业、高科技企业引发的创新创业浪潮带动了大企业的创新和创业活动，促进了美国经济的高速发展。创业在推动经济社会发展的同时，其自身也在发生变化，合伙人制度、商业模式创新、社会创业等与创业有关的新型组织模式、经营模式层出不穷。美国管理学家德鲁克率先确认这一发展趋势，他指出：创业型经济的出现是现代经济和社会史上所发生的最重要、最鼓舞人心的事件。我们需要一个创业型社会。在这种社会氛围中，创新与创业是一种正常、稳定和持续的行为。正如管理已经成为社会进行组织工作的整合工具一样，创新与创业也应该成为社会、经济和组织维持生命活力的基本行为。创业型社会的出现也许是历史的一个重大转折点。

二、全球创业发展

由于创业活动在推动经济社会发展中的重要作用，联合国大会在1994年一致通过一项决议，支持并鼓励所有经济起飞国家和发达国家把创业作为一项国策。1997年12月，欧盟委员会在巴黎召开有关"创新、新企业建立和就业"的第一次圆桌会议，提出欧洲必须大力激励创业与创新精神。会议成立了由企业家、金融家、研究人员和其他人员参加的三个专门小组，集中研究如何高效地筛选出有助于建立新企业的项目，如何支持这些企业的协作，以及如何使它们成长。

在过去的30年里，美国出现了创业革命，高新技术的发展与创业精神的崛起相结合是美国保持世界经济"火车头"地位的一个"秘密武器"。当今美国，95%以上的社会财富是在1980年以后创造出来的，美国也是最富有创业精神的国家之一。2006年，时任美国总统的布什在其新年的国情咨文中首次将中国和印度列为美国的经济竞争对手，文中强调要继续提升美国经济的竞争力，保持美国经济持续增长的不竭动力。

英国政府于1998年发表了《我们竞争的未来：建设知识推动的经济》白皮书。英国前首相布莱尔在宣读白皮书时说："我们的成功取决于如何善用我们最宝贵的资产：我们的知识、技能和创造力。若有一个稳定的金融和经济背景，有一个支持创业的商业和社会环境，市场机会、领先技术和资金更容易获得，有一支受到专业教育和技术熟练的、灵活的劳动队伍，创业就更可能获得成功。"

新加坡政府为推动科技企业发展和培养科技类企业家，设立了金额为10亿美元的科技企业家投资种子基金，还实施了"科技类公司培养计划"。该计划与"科技基金"相辅相成，两者的不同在于前者为商业潜力较强的科技公司而设，强调管理指导与援助；后者偏重于通过奖励的方式提高回报，激励更多的专业人士和创业基金公司对小规模的初创科技公司进行投资。新加坡政府从教育、基础设施、管理条件和融资四个方面着手，创建适宜企业成长的环境。新加坡政府的首要目标是使新加坡成为将科技与市场结合的人才荟萃中心。

从1984年起，日本通产省和文部省便开始携手进行"创业教育"，其目的是将开创新兴产业的希望寄托在下一代身上以缩小在新兴产业商业活动中与美国的距离。日本政府创业教育的目标是，在高中生选择今后的职业去向以前，培养学生的创业精神，从中学生时代起就培养他们对职业的兴趣与基本的商业意识，以激发他们的创业热情。

近30年来的全球市场化改革、科技进步及互联网的发展大大降低了创业的门槛，为小公司以及个人创业奠定了必要的社会经济和技术条件。在"二战"后的50—60年代，美国每年新成立的公司只有5~6万家，而到了1990年，每年都有近100万家新公司成立。

自1970年以来，企业的小型化趋势得到加强，小公司在一个国家甚至全球经济中扮演着越来越重要的角色。一项统计表明，《财富》杂志评选的500家大公司在美国市场所占份额从1970年的20%下降到21世纪初的10%左右。著名的未来学家约翰·奈比斯特甚至预言，在下一个十年，这500家大公司在美国市场的比重会降到5%，因此，他得出结论："是小公司，而不是500家大公司在发展全球经济。"

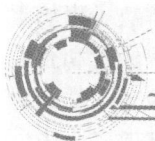

创新创业·新知

全球创业观察

目前，全面反映全球创业活动状况的应该首推全球创业观察项目（Global

Entrepreneurship Monitor，GEM），该项目由美国百森商学院与英国伦敦商学院于1998 年联合发起，目前已经发展成一个由 60 多个国家和地区参与、反映全球创业状况的研究项目。GEM2016—2017 年报告指出，在受调查的全球 62 个经济体中，受访者中超过三分之二的成年人认为创业者在他们的社会环境中备受尊敬并且享有较高的社会地位，公众普遍对创业持有积极态度，有四分之三的创业者认为是受到机会驱动而选择创业。在创新驱动的经济体中，有46%的创业者从事的行业是信息通信、金融、专业服务和其他服务业，这一数据是其他两大经济体的两倍，而且创业生态系统整体而言最为完善。在要素驱动经济体中，研发转化、创业融资，内部市场压力与准入管制被认为是限制创业最突出的因素。在效率驱动经济体中，则主要是研发转化、政府政策、税收和政府管理体制。从地区角度来看，北美地区创业生态系统的支持性最好；非洲地区、拉丁美洲和加勒比地区的支持性最低，尤其在融资、学校创业教育、研发转化、市场压力和准入管制方面，评分均低于 4[①]。

资料来源：GEM 网站. https://www.gemconsortium.org/

三、中国创业实践

我国的创业活动起步较晚。伴随着改革开放进程的不断发展，创业活动经历了从无到有的四次具有时代特色的发展浪潮。

1. 第一次浪潮（1984—1991 年）：制造中国

1984 年被视为我国的创业元年，标志性事件是党的十二届三中全会通过了《关于经济体制改革的决定》。这是 1978 年改革开放以来第一份以经济体制改革为主题的文件，确定了中国由计划经济体制向市场经济体制的转型。在计划经济体制下，企业需要按照政府的计划来开展生产经营活动。到了 20 世纪 80 年代，这种僵化的生产经营方式越来越不适应社会的发展和人民群众日益增长的物质文化需求，导致物资短缺、商品供不应求的情况时有发生。为解决这一问题，1984 年，国家开始着手市场经济体制的改革。在这一年，柳传志创办了联想，张瑞敏担任了青岛冰箱厂厂长，王石开始了创业。这一批最早的创业者们不仅解决了市场上物资短缺的问题，还直接推动了中国市场经济体制的完善。通过诚信经营和企业的成功运营，第一代创业者在整个社会中树立了创业的正面形象，改善了社会对企业和企业家的认识，为后续的创业活动创造了良好的商业环境，开辟了中国创

---

① 注：GEM 参照世界经济论坛（WEF）的经济体划分标准，将经济体分为三个层次：要素驱动型经济体、效率驱动型经济体和创新驱动型经济体。

业的新局面。

2. 第二次浪潮（1992—1996 年）：公司中国

1992 年，80 岁高龄的邓小平同志视察了中国南方的深圳、武汉等地，呼吁要加快改革开放的步伐。在此背景下，党的十四大首次明确提出建立社会主义市场经济体制的目标。同年，国家经济体制改革委员会出台了《有限责任公司规范意见》和《股份有限公司规范意见》，国家第一次允许个人通过投资入股的方式创办企业成为股东。新政策的出台不仅激发了新的创业热潮，而且带动我国股票市场快速发展，当年深圳甚至出现了百万人哄抢股票的"8·10 风波"。

邓小平同志的南方谈话激发了许多在政府、国有企业等体制内的员工下海经商的热情。这一时期，政府的人事管理政策也有所松动，允许个人通过身份挂靠，离开原来的国有企业，进入民营企业或自主创业。据人力资源和社会保障部统计表明，当年辞职下海者超过 12 万人，通过停薪留职、兼职等方式投身商海的人数超过 1000 万，形成中国企业发展史上著名的"92 派"企业家现象。目前仍活跃在商界的泰康公司的陈东升、慧聪公司的郭凡生、复星公司的郭广昌、万通公司的冯仑都是"92 派"企业家的典型代表。此轮创业浪潮中成长起来的创业者都受到过良好的教育，他们在创业的过程中，从一开始就尝试建立现代企业制度，这为企业的后续发展打下了良好基础。这一时期股份制的推行和股票市场的发展带动了整个资本市场的建立。国家建立的户口档案托管制度，使停薪留职或者辞职经商变得更加可行。第二波浪潮后，我国建立了基于股份制条件下的公司制度模式，出现了一大批下海建立公司的创业者，形成了"公司中国"。

3. 第三次浪潮（1997—2008 年）：互联网中国

在第三波创业浪潮到来之前，我国的创业门槛仍相对较高，初期资金的投入对许多人而言仍是一个不可逾越的障碍。1996 年后，全球互联网创业浪潮的发展以及大量海外留学人员回国创业使得创业门槛大大降低。改革开放后的中国经济快速发展，特别是 1997 年香港回归对海外留学人员形成了强大的吸引力。一批在海外受过良好教育和职业训练的留学人员渴望把海外的成功业务复制到国内，他们回国后创办的企业在引领中国互联网发展方面做出了突出的贡献，其中包括张朝阳创办的搜狐、李彦宏创办的百度等。

海归人员创业活动为创业发展带来了新动力。在海归人员的推动下，越来越多的海外风险投资企业进入中国开展业务，从而拓宽了创业企业的融资途径。与此同时，国外优秀的创业人才、经营管理者以及相应的先进管理方法也被带入中国，这对推动中国的创业实践发展发挥了积极的作用。在向海归人员及国外领先创业企业学习的同时，中国本土培养的优秀人才也开始加入创业者的行列。新浪的王志东、网易的丁磊、腾讯的马化腾都是本土成长的企业创业者。随着企业上市，创业者们的社会地位和影响力都发生了很大改变。尊重甚至仰慕创业者的社会氛围开始形成，创业教育也逐步在高等院校萌芽。第三次创业浪潮将互联网技术、人才、风险投资等引入了中国，逐步形成了"互联网"中国的态势。

4. 第四次浪潮（2008 年至今）：创业中国

2008 年，移动互联时代的到来带动了更多的年轻人加入创业者队伍，特别是 2015 年国家正式提出"大众创业、万众创新"的"双创"政策，带动了中国创业活动的蓬勃发展。

第四次创业浪潮的发展首先得益于宽松的外部政策环境。一是政府把"双创"政策提升到国家战略高度，并相继出台一系列鼓励创业的政策。例如，工商登记制度的变化，理论上用 1 元钱就能开办公司，让"白手起家"变为现实；各地积极推动创业孵化器建设，为新创企业提供低场租、法律财务服务、培训指导等优惠政策。二是社会经济的发展创造大量创业机会。随着社会保障体系的完善、居民收入水平的提高、居民消费观念的变化，整个社会的消费支出和消费意愿也随之增强了。中国作为拥有近 14 亿人口的大国，消费升级蕴含着大量的创业机会。三是多层次资本市场的建立提供了多样化的融资渠道。天使投资人的数量不断增加，风险投资、创业板、新三板持续发展壮大。创业企业不仅在每个发展阶段都有相应的资金提供者，企业规模做大后还可以通过并购、债务融资等方式进行融资。四是科技的发展进一步降低了创业门槛。完善的工业体系所形成的强大制造能力降低了创业者独立生产制造的必要性，而移动互联网平台的发展也增强了创业者开发移动互联产品的便利性。五是创业生态系统的逐步完善为创业活动的开展提供了高水平的软硬件支持，这些都使得创业者的创业旅程不再孤单。

在政府的大力支持下，第四次创业浪潮正在对中国经济社会的发展产生全面影响。当前中国的创业环境进一步优化、创业门槛进一步降低、创业机会进一步增加、创业者的队伍进一步扩大，越来越多的年轻人开始加入创业者队伍，以创业为业，中国进入了最好的创业新时代。

第二节　创业的含义、类型与过程

一、创业的含义

随着创业活动的发展，特别是创业在推动经济社会发展过程中的作用不断增强，如何定义创业，如何揭示创业活动的本质，成为创业研究中的重要话题。Morris

等人总结分析了已有的创业定义，研究发现，在创业定义中出现较多的关键词是"启动、创建、创造、新事业、新企业""创新、新产品、新市场""追逐机会、风险承担、风险管理、不确定性"，等等，见表1-1。

表 1-1　创业定义中包含的关键词

序　号	定义中的关键词	出现频数	序　号	定义中的关键词	出现频数
1	启动、创建、创造	41	10	价值创造	13
2	开发新事业、创建新企业	40	11	追求成长	12
3	创新、新产品、新市场	39	12	活动过程	12
4	追逐机会	31	13	既有企业	12
5	风险承担、风险管理、不确定性	25	14	首创活动、做事、超前认知与行动	12
6	追逐利润、个人获利	25	15	创造变革	9
7	资源或生产方式的新组合	22	16	所有权	9
8	管理	22	17	责任、权威之源	8
9	统帅资源	18	18	战略形成	6

资料来源：Morris M, Lewis P, Sexton D. Reconceptualizing entrepreneurship: an input-output perspective[J]. SAM Advanced Management Journal, 1994, Winter(1): 21-31.

从 Morris 等人的分析可以看出，虽然研究者们对创业的定义存在差异，但是这些定义都反映了创业活动的不同侧面。追逐利润、价值创造、追求成长等反映的是创业的目标；追逐机会、创造变革、资源或生产方式的新组合等体现了实现创业目标的手段；风险承担、超前认知与行动等则属于创业活动的属性。

从总体上看，创业的定义可以分为狭义与广义的。创业的狭义定义是指创建新企业，在英文中经常使用"start-up"一词。创业的广义定义是指开创新事业，英文中倾向于使用"entrepreneurship"一词。本书采用哈佛大学教授霍华德·史蒂文森的定义：创业是在不拘泥于当前资源条件的限制下对机会的追寻，组合不同的资源以利用和开发机会并创造价值的过程。史蒂文森教授的创业定义属于广义的创业定义，即凡是打破资源限制、开发机会、创造价值的活动都是创业活动，无论创业所创造的价值是经济价值还是社会价值。史蒂文森教授的创业定义既充分体现了创业活动的时代变化，又反映了人们对创业活动认识的变化。随着对创业本质及其作用认识的深入，越来越多的人倾向于使用广义的创业定义。正如《精益创业》一书的作者莱斯指出，任何一个在不确定情况下开发新产品或新业务的人都是创业者，无论他本人是否意识到，也不管他是身处政府部门、获得风险投资的公司、非营利机构，还是由财务投资人主导的营利性企业。

二、创业的类型

随着创业活动的活跃，创业活动的类型也日益多样。了解创业类型，比较不同类型的创业活动，有助于更好地理解创业。创业活动的分类可以按照创业主体、创业动机及创业效果等划分。

1. 个体创业与公司创业

基于创业主体的差异可以将创业分为个体创业与公司创业两种类型。个体创业主要指不依托于某一特定组织而开展的创业活动。公司创业主要指由已有组织发起的组织的创造、更新与创新活动，创业活动由在组织工作的个体或团队承担。虽然在创业的本质上，个体创业与公司创业存在许多共同点，但是由于创业资源基础的差异，两者在风险承担、创业成长、成果收获等方面存在较大差异，如表 1-2 所示。

表 1-2　个体创业与公司创业的主要差异

个 体 创 业	公 司 创 业
创业者承担风险	公司承担风险，而不是与个体相关的生涯风险
创业者拥有商业概念	公司拥有概念，特别是与商业概念有关的知识产权
创业者拥有全部或大部分事业	创业者或许拥有公司的权益，可能只是很少部分
从理论上看，对创业者的潜在回报是无限的	在公司内，创业者所能获得的潜在回报是有限的
个体的一次失误可能意味着生涯失败	公司具有更多的容错空间，能够容忍失败
受外部环境波动的影响较大	受外部环境波动的影响较小
创业者具有相对独立性	公司内部的创业者受到团队影响更多
在过程、试验和方向的改变上具有灵活性	公司内部的规则、程序和官僚体系会阻碍创业者的策略调整
决策迅速	决策周期长
低保障	高保障
缺乏安全网	有一系列安全网
在创业主意上，可以沟通的人少	在创业主意上，可以沟通的人多
至少在创业初期，存在有限的规模经济和范围经济	能够很快地达到规模经济和范围经济
严重的资源局限性	在各种资源的占有上都有优势

资料来源：Morris M, Kuratko D. Corporate Entrepreneurship[M]. Harcourt College Publishers, 2002:63.

2. 生存型创业与机会型创业

全球创业观察项目基于创业者的创业动机将创业分为生存型创业（Necessity-pull Entrepreneurship）和机会型创业（Opportunity-pull Entrepreneurship）。生存型创业是指创业行为出于别无其他的更好选择，即不得不参与创业活动以解决其所面临的困境，例如许多下岗职工的创业行为便属于生存型创业。机会型创业是指创业者的创业动机在于抓住机会并实现价值的强烈愿望，例如，季琦在顾客抱怨中看到中国经济型酒店的巨大需求，并在此基础上创办了经济型连锁酒店品牌如家。

3. 基于效果的分类

依据效果对创业活动进行分类也是一种常见的创业分类形式。基于效果的分类有助于创业者关注创业活动效果，提升创业活动质量。

克里斯汀等人按照新价值创造以及对个人改变两个维度将创业分为复制型创业、模仿型创业、安家型创业与冒险型创业四种类型，如图 1-1 所示。

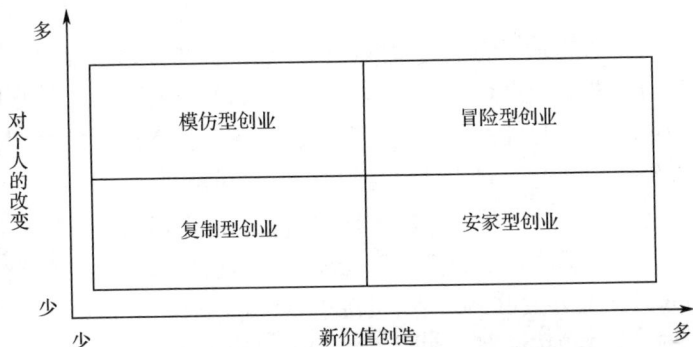

图 1-1　基于效果的创业分类

（1）复制型创业

复制型创业模式是在现有创业经营模式基础上的简单复制。在实践中，我们常见的商贸类企业如果缺乏创造性则多属于复制型创业。此类创业模式的创新贡献度较低，相对缺乏创业精神内涵。

（2）模仿型创业

模仿型创业虽然为顾客创造的新价值较低，但是对创业者个人的命运改变较大。在中国互联网公司发展初期，"海归"是一个重要的创业群体。虽然很多"海归"在国外并没有创业经历，但是他们熟悉国外的互联网产品与服务，具有良好的国内外资源关系网络，这为他们创业成功打下了良好基础。

（3）安家型创业

安家型创业对创业者个人的命运改变较小，但是为顾客创造了较大的新价值。很多连续创业者在创业成功后会继续进入新领域创业，这类创业虽然对自身改变较小，但是对社会而言可能带来较大的新价值。

（4）冒险型创业

冒险型创业既对创业者个人有较大影响，也能够创造较多的新价值。对于创业者而言，虽然冒险型创业具有较大的风险，失败的可能性较高，但是创业成功的高回报仍富有诱惑力，这将推动创业者勇往直前。

创业作为一种长期存在的社会现象，普遍存在于人类活动中。随着人类社会的进步，创业活动类型日益多样化。值得注意的是，当前越来越多的女性及少数民族创业者加入了创业者队伍，并已经成为推动创业发展的重要力量。此外，创业者的目标使命也更加多元化，教育、贫困、环保等话题成为创业者关注的焦点，以此为基础的社会创业也得到了快速发展。

三、创业的过程

创业是一项复杂的系统工程，所以，创业包括哪些行为与行动，如何认识与理解这些行为与行动，一直是研究创业的重要话题。一般认为，创业是一个复杂的社会化活动过程。在此过程中，创业者与创业环境相互作用，通过机会的识别与开发，实现价值的创造。创业机会是创业过程中的核心。在实践中，创业者对创业机会的识别与开发存在着明显的多样性与复杂性，但是为了使研究学习更加便利，很多学者都在试图总结和简化创业过程。本教材将创业过程简化为机会识别（Opportunity）、产品开发（Product）、资源整合（Resource）和企业创立（Enterprise）这四个阶段，简称 OPRE 模型，如图 1-2 所示。

图 1-2　创业过程

1. 机会识别

机会识别是创业过程中的首要环节。能否发现有潜力的创业机会显著地影响着创业者的创业决策，是创业者决定启动创业旅程的重要前提。但是，找到有潜力的创业机会并不容易。机会从哪里来？为什么有些人能看到机会而其他的人却不能？机会识别是否存在客观规律？有哪些因素会影响机会识别？如何评价机会的价值？看到有潜力的机会就要急于开发么？以上这些问题的回答将丰富创业者对创业机会的认识与理解。

2. 产品开发

创业者需要找到顾客的真正需求和痛点，并为之提供相应的产品与服务。创业者需要在机会识别的基础上开展产品设计与开发工作。创业者不仅要明确谁是顾客，顾客具有哪些特征，顾客的需求与痛点是什么，能够为顾客准确画像，而且要能够围绕顾客的需求提出并评价产品与服务的理念、开发产品与服务的类型、进行市场需求测试，让设计的理念落地。除此之外，常用的产品开发策略以及知识产权保护问题也是创业者需要了解的。

3. 资源整合

通常情况下，创业者可以直接控制和使用的资源相对有限，往往需要整合外部资源以推动创业项目的顺利实施。为此，创业者需要围绕创业机会设计出清晰的商业模式，以明确盈利途径、合作伙伴的合作方式等关键运营问题，还要制订商业计划以明确行动路线图，尽可能地避免发展过程中的障碍与风险。当然，创业者还需要了解融资渠道，理解不同融资渠道的特点及要求，以便有针对性地寻求外部融资，为创业项目提供资金支持。

4. 企业创立

新企业的创立和新事业的诞生是衡量创业者创业行为的直接标志。为了顺利地创建新企业，创业者需要制定并完善新企业的内部制度，确定利益分配原则，做出企业注册、经营地址的选择。为了确保新企业创立后的生存与成长，创业者需要了解企业成长的一般规律，预见企业不同成长阶段可能面临的管理问题，并采取有效的防范措施来化解企业成长风险。

对创业过程的讨论有助于创业者认识创业活动发展的阶段性变化，理解创业活动在不同阶段面临的主要问题及关键风险。基于过程视角的创业教育是当前创业教育的主流，明晰创业的基本活动有助于创业教育者建立一个简洁的教育教学框架。当然，在现实中，创业是一个非线性的、反复修正的实践过程。虽然机会识别、产品开发、资源整合和企业创立发展这四个阶段环环紧扣、密切相关，但这四个阶段又是动态发展、难以预测的。

第三节 创新与创业

一、创新的含义

"创新"是一个非常古老的词。英文中的"创新"一词起源于拉丁语的"Innovare"，意思是更新、制造新事物或者改变。

哈佛大学教授约瑟夫·熊彼特最早从经济学视角系统地提出了创新理论。熊彼特在 1912 年出版的《经济发展理论》一书中系统地定义了创新的概念。他认为，所谓创新，是指把一种从来没有过的关于"生产要素的新组合"引入生产体系，而创新的目的在于获得创新过程中的潜在利润。

熊彼特创立创新理论的主要目的在于为经济增长和经济周期的内在机理提供一种全新的解释。从创新的角度出发，熊彼特解释了资本主义经济运行过程中呈现"繁荣—衰退—萧条—复苏"四个阶段循环的原因，说明了不同程度的创新会导致长短不等的三种经济周期。

熊彼特将创新概括为以下五种形式：
➢ 引入新的产品或提高产品的质量；
➢ 采用新的生产方法、新的工艺过程；
➢ 开辟新的市场；
➢ 开拓并利用新的原材料或半制成品的新供给来源；
➢ 采用新的组织形式。

由于熊彼特的思想过于独特，他所开创的创新理论在很长的一段时间里一直难以被人们接受。直到 20 世纪 50 年代，科学技术在经济社会发展中的作用日益凸显，以技术创新为代表的创新理论研究才开始成为一个十分活跃的领域。

创新的最初含义主要以技术创新为主，是指创造新技术并把它引入产品、公益或商业系统中，或者创造全新的产品和工艺，或对现有的产品和工艺进行重大技术改进，并且该产品被引入市场（产品创新）或生产工艺得到应用（工艺创新）。然而，随着创新活动的发展，人们对于创新的理解也不断深化，学者们开始从不同视角定义创新。

美国学者曼斯菲尔德认为，当一项发明被首次应用时，就可以称之为技术创新。

英国科技政策研究专家克里斯托弗·弗里曼认为，创新是指在第一次引进某项新的产品或工艺的过程中，所包含的技术、设计、生产、财政、管理和市场活动的诸多步骤。

美国学者切萨布鲁夫认为，创新意味着进行发明创造，然后将其市场化。

美国学者德鲁克认为，创新是企业家的特殊工具，通过应用创新，企业家把变化作为不同业务与服务的机遇。创新可以作为一门学科、一种学术或者一项实践。

本书采用中国学者陈劲、郑刚对于创新的定义：创新是从产品创意的产生、研究、开发、试制、制造，直到首次商业化的全过程。创新是将远见、知识和冒险精神转化为财富的能力，特别是将科技知识和商业知识进行有效结合并转化为价值。从广义上看，一切创造新价值的活动都可以被称为创新。

创新创业·新知

创新与其他相关概念的关系

1. 创新与创造

"创造"是强调"提出创意"，而"创新"则强调"将创意实现商业化"。虽然没有创意就没有创新，但是相对于创新而言，创造缺少把创意变为现实的过程，以及实现创意商业化的过程。

2. 创新与发明

创新与发明常常交织在一起，但二者有根本性的区别。对发明的衡量主要看专利的数量，而创新则强调是否能将发明转化为实际应用。在技术发明和创新实现之间存在一段自然的时间延迟。例如，传真机从发明到真正的市场经过了 145年。况且，将发明转化为成功的商业创新成果的概率并不高。在美国，平均只有12%～20%的研发项目有可能被转化为商业上成功的产品或工艺。

3. 创新与企业家精神

"企业家精神"是对企业家创立并经营管理企业的综合才能的概括性表述。创新是企业家精神的核心，企业家精神一般还包括敢于冒险、勇于开拓、善于学习、执着、敬业、善于合作、诚信等特征。

4. 创新与研发

研发是一个从创意产生到研究、开发、试制完成的过程，强调的是"过程"与"产出"。创新离不开研发，但是相对于创新而言，研发缺少将"产出"的成果商业化的过程。

资料来源：陈劲，郑刚. 创新管理 赢得持续竞争优势（第三版）[M]. 北京：北京大学出版社，2016.

二、创新的类型

创新有很多种形式。按照创新的内容，可以将创新分为产品创新、工艺（流程）创新、服务创新及商业模式创新四类。按照创新的程度可以将创新分为渐进性创新和突破性创新两类，如图 1-3 所示。

图 1-3　创新分类

1. 基于创新内容的分类

（1）产品创新。传统意义上的产品多强调有形的、物理的物品或原材料。但是近年来，为了提高企业在市场中的竞争优势，越来越多的产品制造企业开始围绕产品向顾客提供服务。例如，汽车制造企业为顾客提供路边紧急救援服务。此外，一些服务行业的企业（保险、金融、通信等）也开始将其提供的服务业务称为"产品"。例如，2013 年天弘基金与支付宝公司合作推出"余额宝"这一互联网产品并大获成功。

尽管服务行业开始趋向于使用"产品"来描述其所提供的服务，但是服务与一般产品仍存在着显著差异，即服务往往是无形的，而一般产品是有形的。在通常情况下，以产品为主的创新模式中，服务多以辅助的形式出现，以提升顾客所购买产品的附加值，从而提升产品的市场竞争力。

综上，产品创新就是指提出一种能够满足顾客需要或者解决顾客问题的新产品。例如，苹果公司推出的 iPhone 手机，腾讯公司推出的微信应用程序。

（2）工艺（流程）创新。工艺（流程）创新是指生产和传输某种新产品或服务的新方式（如对产品的加工过程、工艺路线以及生产设备进行的创新）。

一般而言，产品创新的主要目的是提高产品设计与性能的独特性，而工艺创新的主要目的则是提高产品质量、降低生产成本、提高生产效率、降低原料消耗与改善工作环境等。实践中，产品创新与工艺创新经常交替出现。首先，新工艺可能使新产品的生产能够实现。例如，新的冶金技术的开发使得自行车链条的生产能够实现，而这又促使多齿轮传动自行车的开发能够实现。其次，新产品的出现也可能使新工艺的开发得以实现。例如，先进的计算机工作站的开发使企业能够实现计算机辅助制造工艺，从而提高生产的速度和效率。此外，一个企业的产品创新对另一企业来说可能是一种工艺创新。例如，某机床厂开发出来的新款数字机床产品对于使用该产品来加工产品的其他企业来说，有助于提高他们的生产速度、质量和效率，是一种工艺创新。

（3）服务创新。服务创新是企业为了提高服务质量和创造新的市场价值而发生的服务要素变化，对服务系统进行有目的、有组织的改变的动态过程。服务创新可分为如下五种类型。

➢ 服务产品创新

服务产品创新是指服务内容或者服务产品的变革。服务产品创新的重点是产品的设计和生产能力。例如小米公司推出的"小米漫游"功能。

➢ 服务流程创新

服务流程创新是指服务产品生产和交付流程的更新。流程创新包括生产流程创新（后台创新）及交付流程创新（前台创新）。

➢ 服务管理创新

服务管理创新是指服务组织形式或服务管理的新模式。例如海底捞火锅对员工独特的管理创新。

➢ 服务技术创新

服务技术创新是指支撑服务的技术手段的创新。例如支付宝推出的"刷脸支付"。

➢ 服务模式创新

服务模式创新是指服务企业所提供服务的商业模式的创新。例如，针对传统的洗车店洗车推出 O2O 上门洗车服务。

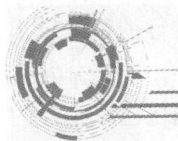

创新创业·实践

"海底捞"的服务创新

2018 年 8 月 26 日，海底捞公司正式在港交所上市。海底捞公司的上市发行定价为每股 17.8 港元，每手 1000 股，投资者最低入场门槛费用达 1.78 万港元。

按照该公司 2017 年的营收计算，海底捞公司在中国及全球的中式餐饮市场中都是排名第一，同时也是业绩增长最快的中式餐饮品牌。对于消费者而言，一提到海底捞，首先想到的还是它的服务。在招股书中，海底捞公司表示："我们相信服务是铸就我们品牌的基础，也是使得海底捞品牌如今独树一帜并如此成功的原因。"由于服务创新，海底捞公司入选了《快公司》（Fast Company）杂志中文版评选的"2015 年中国最佳创新公司 50 强"。海底捞公司的上榜理由是：不仅通过在全球各地开店从而走向国际化，而且在 2015 年，海底捞公司通过对社区店的持续管理和运营优化，设立更高的服务标准，针对不同社区需求，实现了差异化服务。海底捞公司服务创新事例如表 1-3 所示。

表 1-3　海底捞公司服务创新事例表

就餐阶段	可复制的服务创新项目
就餐前	指引停车和代客泊车服务，等位服务（包括美甲、擦鞋、上网、提供免费水果和小吃饮料、各种棋牌玩具等），洗手间服务（包括提供洗手液、毛巾、化妆品、母婴设备等）
就餐中	点菜建议（可点半份、可退菜），赠送眼镜布、手机套、头绳，更换毛巾，涮菜捞菜服务，送果盘或菜品，为顾客过生日，现场甩捞面，为携带儿童的客人提供专门服务，孕妇专门服务等
就餐后	酌情打折或免单，赠送果盘或礼物，雨天借伞，寄存酒类，代客提车等

资料来源：陈劲，郑刚. 创新管理：赢得持续竞争优势（第三版）[M]. 北京：北京大学出版社，2016.

（4）商业模式创新

商业模式的创新是指对目前行业所通用的为顾客创造价值的方式提出挑战，力求满足顾客不断变化的要求，为顾客提供更多的价值，为企业开拓新的市场，吸引新的客户群。例如，相对于传统书店而言，亚马逊（Amazon）和当当网就是一种商业模式创新。

2. 基于创新程度的分类

基于创新程度的不同，本书把创新分为渐进性创新与突破性创新两个类型。

（1）渐进性创新

渐进性创新是指在原有的技术轨迹下，对产品或工艺流程等进行的程度较小的改进和提升。一般认为，渐进性创新对现有产品的改变相对较小，能充分发挥已有技术的潜能，并经常能强化现有的成熟企业的优势，特别是强化已有企业的组织能力，对企业的技术能力、规模等方面要求较低。从理论上讲，虽然渐进性创新很少利用新的科学原理，但随着时间的发展，最终会逐渐产生巨大的积累性的经济效果。由于突破性创新给企业带来了巨大的风险与困难，许多企业更倾向于采用渐进性创新的模式。但如果企业只关注渐进性创新，则会抑制企业的创新能力，使其难以创造出更好的产品，提供更好的服务和有效的拓展市场。

（2）突破性创新

突破性创新会使产品性能的主要指标发生巨大变化，这种变化对市场的规则、企业竞争的态势、产业版图的规划具有决定性的影响，甚至是一种导致产业重新洗牌的创新。突破性创新需要具备全新的概念与重大的技术突破，这往往需要优秀的科学家或工程师参与技术开发并花费大量资金，历时 8～10 年甚至更长的时间来实现。这类创新往往伴随着一系列产品创新、工艺创新，以及企业组织创新出现，甚至导致产业结构的变革。

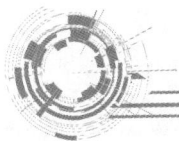

创新创业 · 新知

表 1-4　渐进性创新与突破性创新的多角度比较

比 较 项 目	渐进性创新的特点	突破性创新的特点
创新目标	维持与加强现有市场地位	改变游戏规则，实现跨越
重点	对原有产品成本和性能的提高	探索新产业、开发新产品、研发新工艺
技术	对现有技术的开发利用	研究探索新技术
不确定性	较低	较高
技术轨迹	线性的、连续的	发散的、不连续的
商业计划	创新开始即制订计划	基于探索性学习而演化
新思想产生与机会识别	在前一个创新末期产生	偶发于整个生命周期
主要参与者	正式的交叉功能团队	具有多种功能知识的个人或非正式的组织网络
过程	正式的阶段模型	早期阶段为非正式的柔性过程，后期阶段为正式的阶段模型
组织结构	在业务单位内部运转的跨功能项目小组	从创新思想形成到进入项目孵化器，再形成以目标驱动的项目组
资源与能力	标准的资源配置	创造性地获取资源与企业发展的能力
运营单位的介入	创新活动开始就正式介入	从早期的非正式介入到后期的正式介入

资料来源：Leifer, Richard. Radical innovation: how mature companies can outsmart upstarts. Harvard Business Press, 2000.

三、创新与创业的关系

创新与创业是一对既密切联系又不完全相同的概念。创新孕育着创业，创业围绕着创新，创新与创业是相互促进、相互转化的关系。

1. 创新是创业的基础

成功的创业离不开创新。基于创新的创业活动更容易形成独特的竞争优势，也可以为顾客创造并带来新的价值，进而实现更好的成长。微软开发了 Windows 操作系统，极大地方便了计算机的使用者，改变了计算机只能由少数人操作的状况；英特尔公司开发了 CPU，极大地加快了计算机的计算速度。每个成功的创业者都注重创新，他们可能开发出新的产品和服务，也可能找到了新的商业模式，也可能探索出了新的制度和管理方式，从而获得成功。正如熊彼特所言，创新是创业者与创业精神的重要特征。

2. 创业是创新的动力

尽管成功的创业离不开创新，但是创新并不会自发产生。创业者在推动创新活动方面发挥着重要作用。熊彼特指出，创业者会努力应用技术创新——一项新产品、服务或者生产的新流程——去获得战略优势。一家企业可能在某一时期是唯一创新的企业，所以这家企业预期可以赚很多钱。但是，其他的企业无疑会发现这家企业的经营情况并努力模仿它，导致同类的产品不断出现，这将打破原有企业的"垄断利润"并实了市场平衡，在此基础上开始新的循环。

因此，创新是由创业——让好想法得以实现的远见、激情、能量、热情、洞察力、判断力与不懈努力工作的有效结合所驱动。在变化的产品、工艺流程和服务背后的力量来自使创新产生的个人，无论是独立的个人还是在组织中的个人。

3. 创新的价值在于创业

从广义上讲，创新是将新思想转化为具体的产品与服务并实现商业化的过程 。然而实现商业化、获得创新价值需要依托创业者的创业活动，只有创业者运用才智将创新的产品或让顾客满意的服务推向市场才能取得创新价值。创新价值的收获会激发更多的新发明、新创造，进而提高企业乃至整个国家的创新能力，从而推动经济转型与社会发展。

本章小结

创业是推动社会发展的重要力量。凡是打破资源限制、开发机会、创造价值的活动都属于创业活动。随着创业活动的活跃，创业活动的类型日益多样。创业活动可以简化为机会识别、产品开发、资源整合、企业创立四个阶段。创新是创造新价值的活动。按照创新的内容，可以将创新分为产品创新、工艺（流程）创新、服务创新及商业模式创新四种类型。按照创新的程度，可以将创新分为渐进性创新及突破性创新。创新与创业是一对既密切联系又不完全相同的概念。创新与创业相互促进、相互转化。

重要概念

创业　创业过程　生存型创业　机会型创业
创新　产品创新　服务创新　渐进性创新　突破性创新

复习思考题

1．如何理解创业活动对推动社会发展的作用？
2．中国创业活动发展的阶段性特点是什么？
3．除了本章介绍的不同类型的创业活动，你还知道哪些创业活动类型？你倾向于采取什么类型的创业活动？请说明理由。
4．创业过程包括哪几个阶段？
5．创新与发明、创造、企业家精神及研发等概念的区别是什么？
6．如何理解创业与创新的关系？

实践训练

1．选择一家你感兴趣的创业企业，查找并阅读以该企业为主题的书籍。了解以下信息：企业创立的动因、企业成长的历程、企业经历的困难及其所采取的应对措施等。看看哪些与你了解、掌握的信息相同，又有哪些存在不同。在此基础上，谈谈你对创业企业成长发展的理解与认识。
2．以小组为单位，选择一个感兴趣的行业或产业（例如零售、服装、餐饮、教育等），收集整理该行业或产业近年来的发展信息：行业或产业是否出现重大变化、存在哪些重大变化、创业创新活动对行业产业发展变化的影响，等等。公开汇报小组研究分析成果。

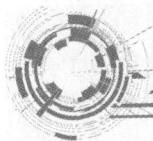

扩展阅读

大众创业，万众创新

创新是国家进步之魂，创业是富民就业之源，创业创新是实现经济可持续性发展和就业良性增长的核心驱动力。当前，我国经济已经由高速增长阶段转向高质量发展阶段。实现经济高质量发展需要转换经济发展动能，强化创新驱动、增强科技引领，形成优质高效多样化的供给体系，提供更多优质产品和服务。2014年9月，李克强总理在夏季达沃斯论坛上首次提出"大众创业，万众创新（以下简称'双创'）"的号召，强调要借改革创新的"东风"，在中国大地上掀起"大众创业""草根创业"的浪潮，形成"万众创新""人人创新"的新态势。2015年《政府工作报告》中进一步提出：要把"大众创业、万众创新"打造成推动中国经济继续前行的"双引擎"之一，以推动发展调速不减势、量增质更优，实现中国经济的提质增效升级。"双创"战略上升为国家经济发展战略。

近年来，随着我国创新驱动战略的深入实施，我国先后颁布实施了《关于深化体制机制改革加快实施创新驱动发展战略的若干意见》（中发〔2015〕8号）、《关于大力推进大众创业万众创新若干政策措施的意见》（国发〔2015〕32号）、《关于强化实施创新驱动发展战略进一步推进大众创业万众创新深入发展的意见》（国发〔2017〕37号）和《国务院关于推动创新创业高质量发展打造"双创"升级版的意见》（国发〔2018〕32号）等一系列政策措施。各级地方政府积极作为，在推动全面创新改革试验、深化商事制度改革、完善财税和投融资政策、建设创新创业支撑平台、构建创新创业文化生态等方面出台了一系列具体举措，推进"创新、创业、创造"的政策氛围和社会氛围逐步形成。

当前，我国"创新、创业、创造"生态环境日益优化，市场主体活力不断增强，创新创业成果大量涌现，创业带动就业活力不断显现，创新创业创造已经成为推动经济转型升级的重要力量和促进就业的重要支撑。

资料来源：国家发展改革委高技术司有关负责人就"2019年全国大众创业万众创新活动周"有关情况答记者问。

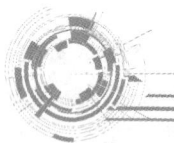

章后案例

洋葱数学：中国版"可汗学院"

在甘肃一所农村学校，简陋的教室里，孩子们好奇地打开刚刚得到的平板电脑——"晓书"，眼里泛着惊喜的光芒。而这款专门为孩子们开发的平板电脑，装满了他们之前前一直没有机会接触和学习的知识和书籍。

"感觉就像登上了一条船，从此以后心里永远都在荡漾着。"

"晓书"的创始人朱若晨、杨临风和李诺对他们企业未来的发展之路，也越发地坚定——他们要让农村的孩子，也能和像城里的孩子一样，享受到到优质的教育资源。

1. 目标：让农村孩子享受优质的教育资源

2009 年，杨临风来到北京大兴南五环团河路上的蒲公英中学。只见漫天飞舞的尘土、斑驳破旧的外墙，一栋两层的教学楼立在小小的院子里。

学学校原来是一家工厂的厂房，里头的学生，都是来北京打拼的务工人员的孩子。

当时在哈佛攻读计算机专业的杨临风，被眼前的一切深深震撼了：他想不到，同样身在北京城，孩子们所得到的教育资源竟然有着天壤之别。

优秀的老师和教学资源都集中在城市里，农村或务工人员的孩子怎样才能得到公平的教育呢？

2010 年，杨临风和在美国杜克大学学习生物、教育专业的朱若辰等共同发起了"阳光书屋乡村信息化教育行动"。该行动通过连接平板电脑和互联网，利用数字化的学习资源、软件和配套的教学方法，让身在农村的老师和学生在信息化的条件下学习新的知识。

2. 路径：创办中国版的"可汗学院"

杨临风和朱若辰、李诺想要做出一款产品，为千万学生带来公平、普适的教育资源，用他们的话来说就是"重构一个标准化的教学体系"。

在研发的时候，他们找到了一个参考的典范——孟加拉裔美国人萨尔曼•可汗创立的可汗学院，这家非营利教育组织主要以网络视频的形式进行免费授课。

在美国的一些学校，老师都在用可汗学院的教学视频给学生上课。每段视频只有几分钟到十几分钟，可汗学院的老师们通过图片和电子黑板，用彩笔写板书举例，虽然他们"只闻其声不见其人"，却将每一个概念都讲得清楚透彻。

可汗学院的教学视频和题目讲解模式，给了杨临风他们很大启发。他们回想起以前教学的时候，有几个孩子因学不好数学，自信心和自尊心都深受挫折。

"能不能既尊重孩子的天性，又让孩子喜欢上数学？"他们一直都在思考。

于是，他们决定从数学入手，朱若辰负责教学内容的制作，计算机专业毕业的杨临风和做技术出身的李诺则负责软件技术的研发。教学视频的设计、手绘、板书、录制、讲解和剪辑，全都靠朱若辰一人独立完成。

他们常常为了构思课程忙到半夜，不断研究哪个部分学生没看懂总是反复回看，哪个地方学生不感兴趣总是快进。

2013 年年底，杨临风和朱若辰、李诺在保留"阳光书屋"独立运作的基础上，创立了商业品牌"洋葱数学"。他们希望吸纳更多资本和优秀的人才，加入这场创新性的教育探索。在随后的三年里，洋葱数学共获得上亿元的融资。

正如朱若辰所说："洋葱数学的每一段视频，都像剧本的创作和演员的表演，其中有很多团队协作的繁琐环节。"洋葱数学平台里每一段的几分钟的动画视频，都有相应的卡通人物和独到的教学思路，这一切，团队至少要经过两个月的研发和打磨。

3. 行动：让乡村和城市的孩子体会到学习的乐趣

朱若辰和杨临风带着团队研发出来的系列课程跑市场推广，偏远、贫困地区的学生和公益机构都能免费学习，而城市的学生学习则需要收取一定的费用。

2013 年，杨临风把洋葱数学拿到北京城里一些教学水平较高的学校进行推介，在人大附中西山学校认识了负责全校数字化学习项目的金政国老师。

金老师将洋葱数学开发的产品试验到学校的教学中，而后欣喜地发现："产品能够很好地支撑现在的教学方法向未来学习模式的转变。"

城市和农村的孩子使用了这个平台之后，都取得了不错的学习效果，从而也证明了洋葱数学教学课程的普适性。

4. 结束语

"因为洋葱数学是纯互联网传播，所以地域的分布非常广，现在，中国 98% 以上的初中都有我们的用户，有的学校一个、十个、一百个，甚至一千个都有。"杨临风如是说。在这个过程中，洋葱数学团队还会根据学生们在学习过程中的反馈，不断迭代完善教学内容。

"我们希望带给孩子跨学科的能力，甚至是素质教育，比如批判性思维、创造性思维、团队合作能力的培养。"

朱若辰和他的团队，用科技和教育，让城市和农村的孩子都找到了学习的乐趣。在促进城乡教育公平的路上，迈出了坚实的步伐。

资料来源：友成企业家扶贫基金会网站。

【讨论题】

1. 你觉得杨临风等人选择创办中国版"可汗学院"可能的动因是什么？这样做的意义在哪里？

2. 请谈谈对"偏远、贫困地区的学生和公益机构都能免费学习，而城市的学生学习则需要收取一定的费用"这种模式的看法。

4. 你觉得"洋葱数学"的创办与你理解的创业活动有哪些相同或不同之处？谈谈你的感受与认知。

第二章　创业者与创业团队

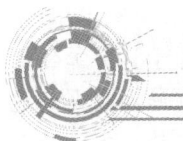

学习目标

理解创业者的相对特殊性
掌握创业者所具备的个人特征
理解创业意愿的形成过程及影响因素
了解人类认知的潜在错误来源
理解创业团队的重要性
理解创业团队组建与成长的主要问题

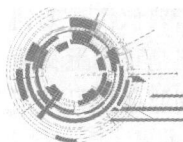

开篇案例

创始人的悖论

有些人强壮，有些人虚弱，有些人天赋异禀，有些人愚笨无知，但大多数人处于这两个极端之间。画出人们的智慧所处的水平，就可以看见一条钟型曲线（正态分布曲线），一边写着虚弱或呆子、白痴透顶、局外人、贫穷、痞子、臭名昭著，另一边写着强壮或运动员、博学多才、局内人、富裕、英雄、声名远扬。

……

通常，我们认为对立的特质相互排斥，例如，一个人不可能既贫穷又富有，但这常常发生在创始人身上：初创公司的首席执行官名义上是百万富翁，手里却没有现金。他们有时愚不可及，有时又魅力四射。几乎所有成功的企业家既是局内人又是局外人。如果把创始人的特质以曲线展示，出现的是与常态分布完全相反的倒钟型曲线。

这种奇特极端的特质组合可能是天生具有的（天然的），也可能是从环境中获得的（后天的）。但是，创始人并不像他们所表现的那么极端。或许他们巧妙地夸大了某种特质，或者可能是其他人夸大了他们的特质。这些影响可能会同时显现，而且会相互强化。最终这些人会表现得更加非比寻常。

……

公司应该汲取的经验是企业离不开创始人。对于创始人看似极端怪异的行为，要有更大的容忍度，我们需要靠非同寻常的人来领导公司，从而取得大的飞跃，而非仅限于小的进步。

创始人应该汲取的经验是不要沉醉于自己的声望和他人对自己的追捧，否则，会使自己恶名远播，或者是被妖魔化——因此，要小心行事。

总而言之，不要高估自己的个人能力。创始人的重要性并非源于自身工作带来的价值，事实上，优秀的创始人能使公司的每个人发挥所长。创始人最大的危险是对自己的神话过于相信，因而迷失了方向。同样，对于公司经营而言，最大的危险是不再相信创始人的神话，并错误地把不信神话当作一种智慧。

资料来源：彼得·蒂尔，布莱克·马斯特斯. 从 0 到 1 开启商业与未来的秘密[M]. 高玉芳，译. 北京：中信出版社，2015：235-254.

为什么有些人会选择创业而另外一些人不会？为什么有些创业者能够创业成功而另一些人却步履维艰？创业者与普通的职场人士存在不同吗？如果存在不同，有哪些不同？创业是一个人的旅程还是一群人的战斗？如果需要伙伴，如何选择创业伙伴？尽管现有研究并未就上述问题取得一致性意见，但是正如上文所言，创业者是一群相对独特的职场人士，单纯依赖个人力量实现创业成功异常困难，团队在实现创业成功过程中发挥着重要作用。

第一节 创业者的特征

早期的创业研究主要从创业者特质的角度研究讨论创业者与非创业者的差异，强调成功的创业者应该具有某些特定的心理特质、知识技能和资源网络。

一、心理特质

人们常说创业者有一颗强大的心。创业者的心理特质常常在以下五个方面异于常人。

1. 创新

创新与创业相互促进、相互转化。创业者从事的都是开拓性的工作，没有范本和先例可循，需要创业者提供创造性的解决方案。

2. 坚韧

创业的旅程并不会一帆风顺，反而可能会面临惊涛骇浪，这需要创业者具备坚韧不拔、乐观专注的精神。创业者一旦设定了目标就需要全身心地投入工作，不轻易变更目标与方向，不畏挫折，不达目的誓不罢休。坚韧的性格不仅为创业者坚定了自身前行的决心，而且向潜在的投资者、顾客展示了他们的斗志。

3. 独立

每一个创业者所处的环境都存在差异，而且任何一项创业活动可能都面临多个选择，独立思考与决策是创业者工作生活中的常态。由于缺乏对创业产品与服务的了解，不仅外部利益相关者难以对创业活动给出建议，即使是内部员工也可能难以正确地认识企业发展面临的形势与问题，创业者不能轻易为舆论所左右，其自身的主见和坚持至关重要。

4. 冒险

创业是一个从无到有的过程，特别是在事业的起步阶段，创业者需要在高度不确定、资源被约束的条件下工作，创业者将面临比其他商业活动更高的风险，而且这种风险主要由创业者本人承担。选择创业就意味着冒险，创业者需要具备相应的风险承担精神，并且对可能出现的失败结果具有很强的心理承受能力。当然，冒险精神并不意味着创业者是赌徒。实践证明，创业者通常会统筹考虑决策的成功概率以及失败后可承受的后果等。

5. 乐行

"千里之行始于足下"，创业者需要勇于实践、善于执行。创业者可以设想自己准备提供给市场的的产品与服务，但除非创业者把创意付诸行动，否则想法终归只是想法。再好的创意也需要在实践中检验。正如亚马逊网创始人杰夫·贝索斯所言："创意很容易，执行却很难。"

《创业：行动胜于一切》一书指出："创业家们有着不同的思维方式，但更为重要的是，他们本能的倾向是要把自己的思考转变为立刻的行动，从而验证这些想法是否正确。"

二、知识技能

除了拥有强大的内心力量，成功的创业者往往具备创业所需的特定的知识与技能。

1. 专业知识

具有特定领域的专业知识对于创业者启动创业活动具有重要意义，无论这种知识是显性的还是隐性的。正所谓"隔行如隔山""不熟不做"，如果创业者对一个专业领域缺乏足够的了解就去创业，那么他失败的可能性就比较大。新东方创始人俞敏洪曾经说："假如你开了一家饭店，你自己不是厨师，又没有太雄厚的资金，并且一下子请了很多大厨师，你就很难把控这家饭店的质量，而且很容易被大厨师炒鱿鱼……（只有在）这个领域具备相当的专业知识，达到专业水平，才能有对专业的把控能力。"

2. 业务技能

学习力。任何一项创业活动都可能是一个全新的旅程，不可能存在一模一样的产品、服务及商业模式等。创业者必须在不断学习中，在创业行动中洞察变化、发现问题、解决问题并快速改进。例如，令研发人员认为完美的产品的市场反应却不佳。这究竟是目标市场定位错误，还是产品质量缺陷，或是营销渠道选择不当？《精益创业》的作者埃克里·莱斯强调说："如果创业的根本目的是在极不确定的环境中建立组织结构，那么创业者最重要的能力是学习能力。"

自制力。创业者要能够控制自己的情绪、行为，使之朝着创业目标不懈前行。自制力强不仅有助于克服创业者的不良习惯，而且有助于创业者提高决策的质量。研究表明，紧张、愤怒、悲伤、偏见等情绪及心理因素会显著影响决策者的决策。此外，创业者良好的自制力具有积极的示范效应，对于提升创业团队的凝聚力、构建和谐奋进的企业文化具有重要作用。

应变力。一方面，市场的复杂性、易变性，需要创业者快速行动；另一方面，创业起步阶段的实力薄弱，也使得创业者缺乏固守的资源条件。创业者应对内外部变化，就像与武林高手过招，唯有积极应对，见招拆招，才能有效抵御进攻，扭转不利局面。

说服力。为了将创意变为现实的产品与服务，并最终实现创业成功，创业者需要与投资者、供应商、顾客、媒体、公众、政府等众多利益相关群体沟通，以获得推进创业活动所必需的资源与支持。整合资源并获得支持，需要创业者具备很强的说服力让对方相信自己、相信创业活动的意义与成功的可能性。

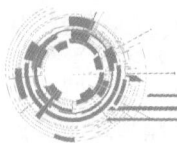

创新创业·新知

2009 年，在考夫曼基金会的支持下，哈佛大学法学院高级研究员、杜克大学研究中心主任瓦维维克·瓦德克（Vivek Wadhwa）等人针对 549 个成功的高成长创业企业的创始人进行了一次调查，得到了一些非常有趣的结论。

➤ 90%的成功创业者来自中产或低产中偏上阶层家庭；

➤ 95%的成功创业者是大学毕业生，47%的人拥有硕士以上学历；

➤ 75%的成功创业者说他们的高中在校成绩位居前 30%，52%的人则是位居前 10%；

➤ 67%的成功创业者说他们的大学在校成绩位居前 30%，37%的人则是位居前 10%；

➤ 成功创业者第一次创业的平均年龄是 40 岁，70%的人创业时已经结婚，60%的人已经有育有子女。

考夫曼基金会的调查说明，大多数成功创业者的家庭情况良好，学习成绩优秀，这与部分创业报道强调创业者家庭贫困、辍学创业等情况存在较大差异。而创业者的年龄、婚姻及子女情况也说明，适宜的工作经验、家庭状况对于美国创业者成功创业具有积极影响。

资料来源：Vivek Wadhwa, Raj Aggarwal, Krisztina Holly, Alex Salkever. The Anatomy of an Entrepreneur: Family Background and Motivation[R]. The Ewing Marion Kauffman Foundation, July, 2009.

三、资源网络

创业者所拥有的资源与社会网络是推动创业活动开展的重要基础。

1. 社会资源

创业者的资源不仅包括与创业活动直接相关的资金、房产等有形资源，还包括信誉、口碑等无形资源。在创业初期，创业企业处于资源高度紧张的状态，创业者自身拥有的资源水平对创业项目的启动与推进具有重要影响。

2. 社会网络

社会网络是指社会个体成员之间因为互动而形成的相对稳定的关系体系，体现着特定的情感联系（例如友谊、信任等）。创业者的社会网络是创业者基于兴趣、爱好、特殊关联（例如亲属、校友、同事等）而建立关系体系。通过社会网络，创业者不仅可以获得与创业相关的信息、建议，而且可以得到建立在友谊、信任基础上的支持与帮助。这些支持与帮助既可能是纯粹的精神鼓励，也可能是有形的物质资源。社交网络甚至可以为一些难以通过契约来实现的产品和服务交易创造机会。

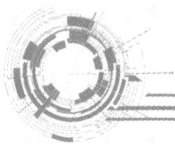

创新创业·新知

创业者的压力来自哪里

2018 年 2 月，《重庆商报》记者设计并发放了一份创业者压力调查问卷，对重庆部分创业者进行调查。调查结果显示：有 50%的创业者，每天的工作时间为 12～16 小时，还有 3.85%的创业者工作时间超过 16 小时。每天工作 8～12 小时的创业者占比 38.46%。

在受访的创业者中，常常感到有压力的人占比 65.38%，处于极度压力中的人占比 23.08%，偶尔有压力的人占比 11.54%。其中，心理压力占比最大，达到了 42.31%，经济方面的压力占比 34.62%，认为环境造成的压力占比 19.23%，还有占比 3.85%的创业者认为，由于家人和朋友的不支持态度对其造成了压力。

在创业的具体环节中，73.08%的创业者在市场开拓方面遇到了很大压力，65.38%的人资金周转出过问题。人事变动、技术瓶颈和产品研发都分别给创业者带来过压力。

在参与调查的创业者中，五成以上人有亚健康的症状，还有 3.85%的人被查出患有严重疾病。26.92%的创业者经常心情压抑，甚至还有人患有严重的精神抑郁症。

当创业者面临压力时，也会找合适的方式排解。选择与大自然亲近和运动的方式发泄的人最多。有四成的人会找生意合伙人商量，有两成人会找朋友或家人倾诉，也有 30.77%的创业者什么都不做，他们选择默默承受这一切。采取这些排解压力的方式以后，近九成创业者认为压力得到了缓解。

资料来源：谈书，韦玥. 创客，你们好吗？压力来自哪里？[N]. 重庆商报，2018-02-09.

第二节　创业认知

不同于创业者特质理论从个人特征角度区分创业者与非创业者，创业认知研究认为，个体的认知结构和认知过程差异是导致创业者与非创业者差异的根本原因，聚焦分析创业者独特的思维和行为方式有助于更好地理解创业者的创业过程。

一、创业认知的内涵

美国著名创业认知学者罗纳德·米切尔（Ronald K. Mitchell）及其合作者将创业认知定义为"人们在对机会评价、企业创立和成长等事项进行评估和决策时的知识结构"。简而言之，创业认知主要关注创业者如何采用简化的心智模式收集和处理有关机会认知、企业创立等信息的问题。对于创业认知内涵的理解需要分别从创业与认知两个视角展开。

1. 创业视角

创业是个体不拘泥于资源约束，通过识别和开发机会来创造价值的活动过程。这一活动过程包括机会识别、企业创立、企业文化构建等多个环节。对于创业认知的理解应围绕创业过程展开，以便深入了解创业者在开发机会、创造价值过程中是如何思考、推理和行动的。

2. 认知视角

认知是一个由感觉输入的转换、简化、储存、恢复和运用等环节构成的过程。个体认知与个体行为、环境三者相互影响、相互作用。对于创业认知的理解不仅要考虑个体的心理表象、认知结构，而且要考虑行为、环境对于个体认知的影响。

二、创业意愿的形成

意愿是人类自愿行动或行为的前提，是在目标行为之前的一种认知状态。从过程视角看，行动源自意愿，意愿源自态度，态度源自深层的认知结构，而形成深层认知结构的重要前因是深层信念。分析创业者创业意愿的形成过程有助于构建一个较为清晰的创业者思维——行动框架，可以更好地理解创业者的思维及认知发展。

创业决策是创业者理性和情感交互作用的结果。通过教育、经验性学习获得的创业知识构成了创业者的认知图式和脚本，这是创业者的创业自我效能感的重要基础，创业者的创业自我效能感的提升有助于提高创业者的创业意愿。创业激情、情绪（例如信心、害怕失败）等将影响创业者认知的阶段性变化。创业认知与创业行为、创业环境相互影响，创业者认知模式以及效果推理思维是影响创业意愿形成的重要因素（见图2-1）。

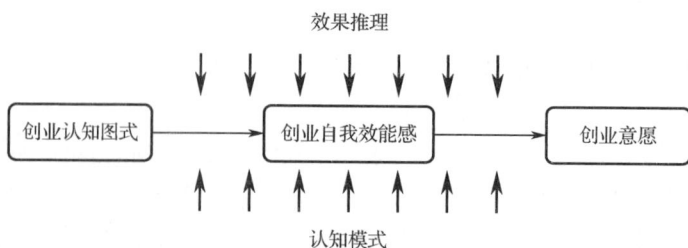

图 2-1　创业认知分析框架

资料来源：陈昀，贺远琼. 外国经济与管理[J]. 2012，34(12): 15.

1. 创业者的认知图式和脚本

认知心理学认为，在个体积累了足够多的经验以后，其大脑的深层认知结构就会自动影响其决策行为。个体决策大多是在无意识的深层认知结构驱动下自动完成的。认知图式是表征概念、概念特征以及特征之间关系的认知结构，影响个体的注意力选择、记忆、知觉等。认知脚本也称作事件图式，是指个体所预期的一系列相关事件。根据专家信息处理理论，专家拥有特定领域的知识结构和认知脚本，因而能够快速处理专业领域的信息，其表现显著优于那些不拥有这种知识结构和认知脚本的普通人。每个人都可能形成自己关于"机会""创业者"的认知图式。如果某人的"创业者"认知图式中不包括其自身，那么，这个人很可能不会成为创业者。如何让缺乏创业知识的创业"新人"转而成为具有丰富创业知识的"专家"，这对于创新创业教育具有重要意义。

2. 自我效能感

自我效能感是个体对自身执行某一目标行为的信念，这一概念对于解释个体选择、努力程度以及坚持等行为发挥着重要的作用。创业自我效能感是指创业者对于自身影响环境并通过自身行动取得成功的能力的信念和信心。研究者发现，父母的创业示范作用会显著影响子女的创业能力感知。一般认为，创业自我效能感是一个多维度概念，其与具体创业活动有关。目前，学术界和业界对创业自我效能感的维度划分并未取得一致意见，有人认为创业自我效能感包括营销、创新、管理、风险承担和财务控制五个维度，也有人认为，创业自我效能感分为机会识别自我效能感、关系自我效能感、管理自我效能感和风险容忍自我效能感，还有人强调有关资源获取、资源配置的自我效能感是取得创业成功的关键要素。总体上，越来越多的实证研究证实了创业自我效能感对创业意愿的驱动效应，而且这种驱动效应普遍作用于不同国家和地区的创业者。

3. 创业激情、情感与情绪

谢泼德（Shepherd）和帕策尔特（Patzelt）在《创业认知》一书中指出，创业是一种高度情绪化的活动，就像一个具有多重起伏的"情绪过山车"，影响着创业者的情绪体验。创业者的创业决策并不仅是一个理性分析的结果，情感等因素在创业决策过程中发挥着重要作用，创业活动与创业者的情感密切相关。当创业者高度重视自己的工作时，将产生工作的激情，对工作更加投入并沉浸于工作之中。这时创业者将自主地把工作内化为自己的身份，不仅能更灵活地开展工作，而且对工作的控制感也更强，其创业行动也将更为主动。此外，情绪也将影响创业决策。积极的情绪有利于个体产生发散性思维，从而提高个体创造力，而消极思维则会降低个体创造力。对于创业者而言，创业图式、脚本、创业自我效能感以及创业意愿只是展示了创业认知变化的静态过程，创业激情、情感与情绪才是推动创业者认知阶段性变化，乃至实施创业意愿、采取创业行动的影响因素。

三、认知模式与效果推理

创业者的认知模式会影响其创业行为。在环境高度不确定、资源高度约束情境下，效果推理是创业者常用的决策模式。

1. 认知模式

认知模式是指个体组织、表现和处理信息的偏好和习惯方法。作为一个多维度概念，认知模式涉及决策、学习、个性和意识等多方面的内容，可能影响创业者的学习、信息处理、决策制定偏好等。一般认为，个体存在直觉式和分析式两种基本的认知模式。采取直觉式认知模式的个体采用综合方式来处理不熟悉和未结构化的信息并识别线索或信号，通常不占用或者只占用很少的心理资源。采用分析式认知模式的个体注重基于理性和规则来判断和评价信息，通常占用较多的心理资源。直觉式认知模式和分析式认知模式在个体的认知活动过程中共同发挥着作用，但在不同情境下，两者对个体的作用效果不同，居于支配地位的认知模式可以控制行为结果。凯库（Kickul）等人的研究表明，采用直觉式认知模式的个体对自己的机会识别能力更有信心，但对自己的资源评价、计划和配置能力缺乏信心；而采用分析式认知模式的个体则正好相反。

2. 效果推理

美国学者萨阿斯瓦斯（Sarasvathy）认为，由于缺乏资源和信息，创业者很难预测未来，因此只能利用既有手段来争取尽可能好的结果。对于创业者而言，目标难以预先设定，只有边干边改，即随着时间推移，根据当时的条件和利益相关者的诉求不断调整。创业者无法预测未来，只能按照自己的意愿利用既有手段去影响未来。萨阿斯瓦斯将创业者这种边干边改、动态调整的行动逻辑称为效果推理（effectuation）。效果推理逻辑强调了人与环境互动、干中学、即兴发挥等的重要性，降低了人的记忆提取、处理知识和信息作用。突出强调了人与情境互动的重要性。因此，效果推理逻辑为研究创业认知图式和脚本如何形成的问题提供了新的思路，并且展示了一种创业认知图式和脚本形成的动态逻辑，即创业者在与环境互动的过程中不断修正原有的认知图式和脚本，把新的经验融入既有经验，从而形成更深层、更丰富、更灵活的认知图式和脚本。

创新创业·新知

人类认知的潜在错误来源

尽管人类处在一个信息爆炸的时代，但是人类的信息处理能力仍非常有限。面对海量信息，人类往往会采取利用直觉等快速、看似容易的方式做出复杂决策或推断。但是研究表明，这种"心智捷径"会产生严重的认知偏差。而且，根据资料显示，创业者比其他领域或职业的人，更易受这些偏差或错误的影响。除常见的直觉判断错误外，有三种特别普遍和危险的认识错误：乐观偏见、证实偏见和控制错觉（见表2-1）。

表2-1　人类认知的潜在错误来源

潜在错误的来源	对错误的描述	例　子
乐观偏见	即使预期没有理性的基础，也假定事情会向好的方向发展的倾向	创业者认为他们获得成功的机会将高于实际情况
证实偏见	关注和记忆能证实自己观点的信息的倾向	由于创业者只记忆支持他观点的信息，所以他更加相信新产品的创意是可行的
控制错觉	超越实际、认定自己能更大限度地掌控命运的倾向	认为对自身环境拥有更强的控制力，所以相信新创企业的命运很大程度上在其掌控之中

资料来源：罗伯特·A·巴隆，斯科特·A·谢恩. 创业管理基于过程的观点[M]. 张玉利，谭新生，陈立新，译. 机械工业出版社，2007: 46.

第三节　创业团队

尽管很多人认为，创业者是"孤独的"，他们独立特行、精力充沛且富有创造力。但是事实上，大多数创业企业都是由多个创业者以团队形式创立的。正所谓"三个臭皮匠赛过诸葛亮"，合作有助于实现单靠创业者自身难以完成的任务。创业者必须认真思考：为什么需要合作者？如何选择合作伙伴？如何与合作伙伴共处，最大限度地发挥团队潜力，实现团队的持续发展？

一、创业团队的内涵

如果说人的简单聚集是群体，心在一起才叫团队，那么创业团队既不同于一般意义的"群体"，也不属于一般的团队。在群体、团队与创业团队三种合作形态中，群体是最简单的合作形式，人们可能出于某种目的聚集在一起，但是相对缺乏共同的目标，在信息共享、角色定位、参与决策等方面处于较低水平。团队是群体的特殊形态，是一种为了实现某一目标、具有共同利益、共担风险的个体组成的正式群体。创业团队属于一种特殊的团队，在团队基本特征、功能及管理模式等方面，显著区别于一般的团队（见表 2-2）。从狭义上，创业团队是指有着共同目的、共享创业收益、共担创业风险的一群创建新企业的人。而从广义上，创业团队则不仅包括狭义创业团队，还包括与创业过程有关的各种利益相关者，如风险投资家、专家顾问等。

表 2-2　一般团队与创业团队的区别

比 较 项 目	一 般 团 队	创 业 团 队
目的	解决某类或某个具体问题	开创新企业或者拓展新事业
职位层级	成员并不局限于高层管理者职位	成员处在高层管理者职位
权益分享	并不必然拥有股份	一般情况下在企业中拥有股份
组织依据	基于解决特定问题而临时组建在一起	基于工作原因而经常性地共事
影响范围	只是影响局部性的、任务性问题	影响组织决策的各个层面，涉及范围较宽
关注视角	战术性的、执行性的问题	战略性的决策问题
领导方式	受公司最高层的直接领导和指挥	以最高层的自主管理为主
成员对团队的组织承诺	较低	高
成员与团队间的心理契约	心理契约关系不正式，且影响力小	心理契约关系特别重要，直接影响公司决策

资料来源：陈忠卫. 创业团队企业家精神的动态性研究[M]. 北京：人民出版社，2007: 83-85.

创业团队对于新创企业的成功非常重要。在创业过程中，创业团队是识别创业机会，整合、重构创业资源与能力的决策和执行主体。根据一项针对 20 世纪 60 年代美国高科技企业的研究报告，年销售额超过 500 万美元的高速成长企业中，由团队创立的比例高达 83.3%。著名创业学者蒂蒙斯指出，创业是一个高度复杂的动态过程。创业团队、创业机会和创业资源是影响创业过程的三个关键要素。创业成功需要在这三个关键要素之间实现高效的动态平衡。团队创业的企业在存活率和成长性两方面都明显高于个人创办的企业。

二、创业团队的组建

尽管我们强调创业团队在实现创业成功过程中扮演着重要角色，但这并不意味着每个新创企业在启动创业项目之前就可能或者必须拥有一个完整的创业团队。由于成长不确定性、资源高度约束等原因，创业者往往发现，找到合适的创业伙伴非常困难。创业者必须克服困难，解决企业发展之初的人力资源问题。没有"人"，基本的创业工作都难以落地启动。

1. 创业者的自我评估

选择合适的创业伙伴应始于创业者的自我认识与评估。从实践角度，如果不知道自己能为创业活动提供什么，那么就不可能知道需要从创业伙伴那里得到什么。当然，由于认知偏差等心理及行为因素影响，正确"认识自己"是一项相对困难的工作，为此，创业者可以从创业活动需要出发，设定自我评估应具备的维度。

➢ 知识基础。创业者所接受教育、专门知识和经验。确定创业者知道什么、不知道什么以及需要从他人那里获得什么。

➢ 专门技能。创业者完成某些任务的特殊能力。例如出色的演讲才能。

➢ 动机。创业者创业的驱动因素。创业动机差异可能为未来的合作埋下隐患。

➢ 承诺。完成任务以及实现与新企业相关的个人目标的意愿。

➢ 个人特质。创业者个人性格特征。例如，对开放性、责任性、外倾性、友好性、情绪稳定性等"大五人格"测评的结果。

2. 相似性与互补性

选择各方面与自己相似还是互补的人作为创业伙伴是创业团队组建中的一项重要工作。正如大多数人愿意与那些在很多方面与自己具有相似性的人交往一样，选择与自己存在相似背景、经历的人作为创业伙伴并不令人惊讶。这样不仅意味着沟通、交流更顺畅，而且对于预测彼此的行为也更有信心。很多新创企业就是由来自同一领域或者同一职业的创业者所组成的团队创立的。但是，基于相似性的伙伴选择策略存在冗余等重要缺陷：相似的人越多，团队的知识、技能等的重叠程度就越大。显而易见，所有的团队成员都是技术专家或者所有的团队成员都来自经营管理领域是不利于企业正常运转的。创业团队具有相对丰富的知识、技术和经验更有利于新创企业发展。理想状态是，一个团队成员所缺少的东西可以由另一个或者更多的其他成员提供，实现"1+1>2"的效果。因此，团队组建的第一原则是：不要屈从于只和那些背景、教育、经历状况与你自己相似的人一起工作的诱惑。这样做将在许多方面显得容易和令人愉悦，但它不能提供新企业所需的丰富的人力资源基础。

相似性的缺陷凸显了互补性在创业团队组建中的作用。由于提供了更为多样化的人力资源基础，互补性在一定程度上可能是更好的创业伙伴选择策略。当然，互补性也并非完美无缺，初始团队成员之间的差异将增加沟通难度、磨合时间，降低团队的工作效率。相似性与互补性的选择应各有侧重：在知识、技能和经验方面主要关注互补性，而在个人特质和动机方面则考虑相似性，从而实现知识结构多样与文化价值观一致之间的平衡。

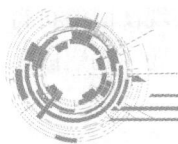

创新创业·实践

合作伙伴并不像他自己所声称的那样

1991 年，我（巴隆）成为一名创业者。我有一个新产品的创意，但缺少独立开发这一产品的知识和经验。通过我的大学科技园主任的帮助，我找到了一位合伙人。我喜欢他的坦诚（他看起来非常务实），而且我认为他能够提供我最需要的东西。他不但宣称自己在产品设计和制造方面拥有许多经验，而且还经营过自己的销售公司。这一切看起来都很完美。

我们达成了协议。在新企业中，我提供必要的资金以获得专利，而他成为次一级的合作伙伴，持有约 20% 的公司股份。由于他曾经帮我设计过新产品，所以我们以共同发明者的名字联合申请了专利。但很快，我发现我的合作伙伴对制造的了解远比他起初声称得要少，并且事实上他对产品生产所需的成本问题一无所知。当成本超过 200 万美元时，我们决定将技术特许授权给一家大公司，而不是我们自己制造产品。我们在新企业的责任划分得很清晰：我负责拓展市场，合作伙伴负责日常运营。但不久以后，很明显的是，他既不愿意也不能够完成这些任务。我们的直销电话没有回应、财务报表一团糟，而且产品发货特别慢，所有问题都同时发生了。渐渐地，我不得不接管所有生产活动。最终，我负责企业的全部运作（却要和伙伴分享利润），他还经常抱怨自己花费了大量的宝贵时间，却只得到了"可怜的报酬"。当我们与生产商的合约到期时，我提出解散公司，我们的工作关系结束了。

我从这件事中得到了一些痛苦的教训。虽然我能够很好地进行自我评价，并且知道自己想从合作伙伴那里得到什么，但我还是犯了很多错误。我没有做适当的尽职调查，没有将口头陈述与实际情况区分开，没有判断什么时候得到的是真话，什么时候不是。我并不认为这位合作伙伴对我怀有恶意。相反，我认为他基本上是诚实的。但是他缺乏对自己的了解，而且根本不清楚他能够给我们的新企业带来什么。

资料来源：罗伯特·A·巴隆，斯科特·A·谢恩. 创业管理基于过程的观点[M]. 张玉利，谭新生，陈立新，译. 北京：机械工业出版社，2007: 93.

三、创业团队的成长

获得合适的人才只是创业团队工作的开始，在此基础上，创业者还需要思考如何推动团队以一种有效的方式开展工作，如何激发团队活力，实现团队的可持续发展。从团队工作任务及发展阶段看，创业者需要解决好四个问题：确定团队成员权责、应对团队内部冲突、动态调整成员、迈向卓越团队。

1. 确定成员权责

"没有规矩不成方圆"，确定谁对什么事负责（即职责）以及谁有做出决策和从若干行动方案中选择的权力（即权限）是推动团队有效工作的前提。尽管创业初期，为了平衡快速响应与人少事多之间的矛盾，需要创业者身兼多职并且能够及时"补位"，但这并不意味着创业团队不需要分工、进行权责划分。坚持互补性原则，根据每个创业者的知识与能力专长确定权责，明确每个创业者在团队中所扮演的角色，对于提高工作效率，减少工作推诿、越权指挥等潜在风险具有重要意义。许多创业者都精力充沛、富有工作热情，习惯于掌控自己的生活。除非能够学会与创业伙伴协作共事，否则将为新创企业运作带来冲突。

2. 应对内部冲突

冲突是企业内外部某些关系不协调的结果，表现为冲突行为主体之间的矛盾激化和行为对抗。团队内部的冲突可以分为认知冲突和情感冲突。任何创业团队在成长过程中都会遇到冲突，有效的团队知道如何应对冲突，发挥冲突的积极影响，降低冲突的消极影响。

➤ 认知冲突

认知冲突是指团队成员对于企业运营相关问题存在不一致的意见、观点和看法。通俗地讲，认知冲突是"对事不对人"。在实践中，团队成员之间对运营相关问题存在分歧是一种正常现象。鼓励团队成员畅所欲言、激发创造性思维，产生创新性问题解决方案有助于改善团队决策质量。此外，坦率、开诚布公的沟通也有利于增进团队成员对于决策议题的理解，提高决策执行力。

> ➤ 情感冲突

情感冲突是指团队成员基于人格化、关系到个人导向的不一致。通俗地讲，情感冲突是"对人不对事"。情感冲突会在团队成员内部造成不信任、冷漠、敌对等不良心理、行为，降低团队成员参与决策、分享观点、协作互助的动力与意愿，从而降低团队决策质量。而且团队内部的对立、冷漠也使得团队成员难以理解团队决策意图，甚至不愿意履行决策义务，从而降低团队有效运作的能力。

对于创业团队而言，冲突可能是有益的，也可能是有害的。认知冲突可以通过提高决策质量和决策执行效率提升团队绩效，而情感冲突将降低决策质量和决策执行效率。对于认知冲突，创业团队应报以积极态度，甚至在一定程度上可以适当鼓励，而对于情感冲突，创业团队则应高度警觉，要主动防范化解。

3. 动态调整成员

团队生命周期理论认为，团队就像生物有机体一样具有生命，并存在一个相对稳定的生命周期，即所有团队都会经历一个出生、成长、成熟和衰退的生命变化过程。创业团队同样会面临生命周期的问题，一方面创业团队是由具有生命周期的个体组成，另一方面创业团队面临的环境在快速变化。因此，创业者需要根据创业团队的发展实际对创业团队进行动态调整，包括原有团队成员的退出、引入专业管理人才，等等。很多创业者认为，创业初期的成功策略在新创企业快速成长阶段也同样适用。但事实并非如此。实现创意落地和成功创业的技能与管理处在成长期的企业所需的技能完全不同。对创业团队进行动态调整，推动新创企业转型成为拥有专业管理队伍，具备专业系统和调控能力的企业并不会一帆风顺。如何调整、采取哪些方式调整是创业者需要前瞻并系统思考的问题。

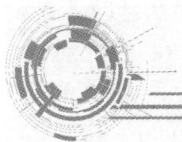

创新创业·实践

奈飞公司的文化准则：现在就开始组建你未来需要的团队

"不要期望你今天的团队能成为你明天的团队。"在团队建设方面，我看到的一个错误就是以为现有的员工可以成长起来并承担将来的工作责任。这个问题对创业公司来讲非常突出，因为创始人总是认为自己有责任对创始团队忠诚。我在给这些公司做咨询时，经常不得不告诉他们，很多团队成员在公司步入新的阶段后已不再能够胜任了。创始人通常会说："可是我非常喜欢他们，他们努力工作，真的非常棒！"但问题是：他们能完成越来越繁重的工作吗？你希望他们明天做的工作和今天完全一样吗？你对他们有什么计划？

根据我的经验，业务领导者必须经常提出一个重要问题："我们是否因为我们现在拥有的团队不是我们应该拥有的团队而受到了限制？"

"企业在不同的阶段，需要不同的员工。"我明白，要接受这个观点可能非常困难。在公司对员工所负的责任方面，我们之前听到的是一种完全不同的说法。我发现这一点在那些找我做咨询的创业者身上体现得最明显。他们总是必须面对一个铁一般的事实：在开发产品和市场早期所需的员工，与企业发展壮大阶段所需的员工是完全不同的。在初始阶段，创业者需要最聪明的人，还要能付得起这些人的薪水，而这些人想要努力工作并坚信公司的愿景可以实现。信任是至关重要的，因为所有的新创企业都只有一堆疯狂的想法。如果这些想法合乎逻辑，那就会被别人抢先干了。创业企业的员工在早期需要犯各种各样的错误，还要疯狂工作、努力做各种尝试和突破极限，直到推出一个可行的、能被市场接受的产品。在这个阶段，答案是未知的，大部分工作是即兴的。然后，突然之间，企业开始快速发展，所面临的问题也不再是试错能够解决的了，而是需要由经验来解决。这些问题与规模和复杂性相关。面对规模和复杂性带来的问题，如果公司够幸运的话，创始员工就能处理，还能提升自己的技能。但是很多员工无法或者不愿这么做。

事实上，每个公司都在一定程度上面临着同样的挑战——认识到变革必须发生，需要新的人员来实现。如果你不认同这个观点，那么问问自己：面对这样的挑战时，创业者应该做的正确的事情是什么？为什么答案到了你这里就不一样了？

根据上文总结如下：

➢ 创业者应该面向未来去思考你需要什么样的团队；

➢ 创业者应该站在 6 个月后的未来审视你现在的团队，了解团队对即将到来的变化是否已准备就绪；

➢ 创业者应该让每个人都理解团队需要持续"进化"；

➢ 有些人永远无法成长为未来组织中的高绩效者，那么就让他们主动离开；

➢ 创业者应该持续不断地搜寻人才，招入谁和解聘谁的决定必须完全建立在团队绩效的基础上。

资料来源：帕蒂·麦考德.奈飞文化手册[M].范珂，译.杭州：浙江教育出版社，2018:110-125.

4．迈向卓越团队

从可持续发展的角度来看，创业者应着眼于推动创业团队迈向卓越。即使创业成功后，新创企业将转型为治理结构规范的现代公司，创业团队也将自然"解体"，团队成员或转为企业高管，或退出企业，但是卓越团队建设所形成的精神将长期延续，并对新创企业的发展产生持续影响。目前，对于卓越创业团队并没有一个标准定义，围绕"人"和"事"两个方面，从提高工作效率、激发团队成员内生动力、提升团队凝聚力的角度，卓越团队应该做到"三好"："好"领导、"好"规矩、"好"文化。

"好"领导。PayPal 的创始人彼得·蒂尔在《从 0 到 1》一书中指出："公司应该汲取的教训是企业离不开创始人，对创始人看似极端怪异的行为，应该要有更大的容忍度。"卓越的团队首先要有一个能够塑造愿景并具有实现愿景能力的卓越领导。如果没有乔布斯的"王者归来"，苹果公司就可能会沦为一个普通的计算机生产企业，甚至会像迈克尔·戴尔评价的那样，"关闭公司，然后将钱退还给股东"。

"好"规矩。卓越的团队要设计有利于顺畅工作、提高团队成员工作热情的制度规则，包括股权设计、职责权限安排等。通过对股权进入、股权分配、股份绑定、预留期权池、股权稀释、退出回购等股权相关事项的设计，解决团队成员所关注的利益分配问题，让团队成员与团队的未来成长紧密相连。创业团队的职责权限安排应遵循新创企业的特点，既要有前瞻性也要有可操作性，可采用先粗后细、由近及远、逐步细化、逐次到位的原则，保持职责权限安排的相对稳定。

"好"文化。"文化即战略"。公开、以文件形式制定的制度规则主要解决的是团队成员的经济契约，要增强团队成员的心理契约，让团队成员真正产生心理认同，提升团队凝聚力需要关注团队文化建设。很多人认为，公平原则是优秀文化的一个重要构成。每个人都渴望被公平对待，如果存在不公平感，可能会导致创业团队成员的消极情绪，甚至退出团队。因此，创业团队应该定期研讨团队的公平问题，以确保在内外部环境快速变化时团队成员的付出与回报仍处于适宜的平衡状态。也有人强调透明原则，倡导充分尊重、信任团队成员，在团队内部实施透明化的管理，尽可能地向成员开放信息。但正如彼得·蒂尔所言："'公司文化'不能脱离公司本身而存在。"因此，建设"好"的团队文化不应该是优秀文化要素的简单套用与组合，而是要着眼创业团队实际。此外，推进创业团队文化建设要重视"有效沟通"，开放、坦诚的沟通是了解彼此工作状态、观点、意见，建立互信的重要基础。当然，创业者应当避免彼此之间的破坏性批评，因为这种消极反馈经常会引起敌意和强烈的冲突。

本章小结

　　创业者是一群相对特殊的职场人士。创业者特质理论认为，成功的创业者具有某些特定的心理特质、知识技能和网络资源。创业认知理论认为，个体的认知结构和认知过程差异是导致创业者与非创业者差异的根本原因。创业知识构成了创业者的认知图式和脚本，这是创业者创业自我效能感的重要基础，创业自我效能感的提升有助于提高创业者的创业意愿。创业激情、情绪等将影响创业认知的阶段性变化。创业者认知模式以及效果推理思维是影响创业意愿形成的重要因素。人类处理信息的"心智捷径"会产生严重的认知偏差。广义的创业团队包括与创业过程有关的各种利益相关者。创业团队组建应始于创业者的自我认识与评估。创业伙伴的选择应统筹考虑相似性与互补性原则。在创业团队成长过程中，创业者需要解决好四个问题：确定团队成员权责、应对团队内部冲突、动态调整成员、迈向卓越团队。

重要概念

创业者特征　创业认知　效果推理　创业团队
相似性与互补性　认知冲突与情感冲突　团队生命周期

复习思考题

1. 创业者与普通的职场人士存在哪些不同？
2. 创业是可以学习和教育的么？
3. 为什么创业者具有效果推理思维特征？
4. 团队创业的优势是什么？
5. 创业团队组建应该注意哪些问题？

实践训练

　　1. 请访谈一位创业者，了解以下信息：创业者的创业动机、对创业者素质与能力要求的意见、对大学生创业的意见与建议。整理分析访谈信息，思考哪些观点与你自己的观点一致、哪些不一致以及为什么存在这些差异？

2. 以小组为单位，选择一个《水浒传》《西游记》《三国演义》等著作中出现的团队，从团队组建、职责分配、应对冲突、团队演化等方面对团队进行深入剖析，总结影响团队发展的因素和一般规律。

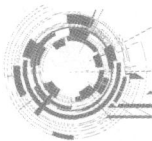

扩展阅读

创业者的道德与社会责任

道德，通俗地讲就是公序良俗，是一个社会主流群体普遍接受的行为准则。相对于法律而言，道德代表了更高的社会期望。创业者在创业过程中，特别是创业初期会面临很多道德方面的决策。

决策应该是合法的，但不一定符合道德标准，反之亦然。如果将法律与道德两个维度相结合，创业者将面临四种不同的决策：合法而且有道德、合法但不道德、不合法但有道德、不合法也不道德。由于新创企业存在资源约束、高风险、高成长压力等特点，创业者往往更计较新创企业的受益最大化，哪怕这种受益损害了他人利益或违背了公平原则，创业者对延期付款、夸大宣传、盗版软件使用等道德决策存在更高的容忍度。为了适当迎合资源持有者的偏好和期望，部分创业者会有意识地向外部资源持有者传递有利于自身的积极信息，以具有吸引力的故事来确立创业身份和合法地位。例如，惠普公司的创始人比尔和戴维将其研制的第一个产品命名为"200A"，因为这个编号看上去像一家拥有许多产品的成熟企业推出的新产品编号。他们一致认为，应该让阅读产品手册的潜在客户相信自己是在和一家成熟的公司做生意，而不是购买两个25岁的年轻人在车库鼓捣出的新鲜玩意。卢瑟福德（Rutherford）等人使用"合法性谎言（legitimacy lie）"的概念来描述创业者为获得合法性，有意识地向利益相关者扭曲事实的现象。研究按照对利益相关者的积极或消极影响，以及是否有意识地歪曲事实两个维度，分析合法性谎言的伦理问题。研究认为，有意识地传递虚假信息毫无疑问是错误的，无意识的谎言虽然不一定违背了伦理标准，但也是不值得提倡的。判断是否符合伦理标准，关键取决于是否给利益相关者带来消极影响。如果没有带来消极影响（例如惠普公司创始人产品编号问题），则在伦理上是可接受的。

尽管相对于成熟企业，新创企业存在一定特殊性，但是从新创企业的长远发展考虑，创业者在涉及伦理判断的创业决策上应力求审慎。在向高标准看齐的同时，创业者也应设立创业决策的道德底线、红线，明确不能逾越的边界，避免为未来发展埋下潜在风险。

社会责任是创业者需要面对的另一重要话题。社会责任是指企业在创造利润、对股东利益负责的同时，还要承担起对企业利益相关者的责任，保护其权益，以获得在经济、社会、环境等多个领域中的可持续发展能力。社会学家卡罗尔提出企业社会责任"金字塔"模型，将企业社会责任分为四个层次。第一层是经济责任，包括获得经济利润并向股东提供投资回报，为员工创造工作机会并提供合理报酬，进行技术创新，扩大销售，等等。第二层是法律责任，即企业的经营活动应该在法律要求的框架下进行，应遵守法律法规。第三层是伦理责任，是指社会对企业遵守伦理规范的期望。第四层（最高层）是企业自行裁判的责任，这完全是一种自愿履行的责任，企业拥有自主判断和选择权来决定具体的企业获得，例如慈善捐助等。加拿大学者莫佐克强调了社会责任对创业者的重要性："没有人能脱离社会、脱离社区而获得成功。但不幸的是，现在有相当数量的年轻企业家，他们认为自己的责任只是使股东权益最大化，除此之外别无他物。但这真是大错特错了。"当前，期望企业承担社会责任已基本形成全球共识。我国《公司法》第五条"公司义务及权益保护"条款明确规定，公司从事经营活动必须"承担社会责任"。承担社会责任是新创企业必须履行的义务，但是如何承担社会责任需要创业者根据社会期望与企业实际统筹谋划。

创业者是新创企业的核心，肩负着确定新创企业道德与社会责任水准的责任。不同于成熟企业，新创企业的所有者与员工之间的管理层级较少，创业者的言行举止、道德标准更容易被员工所观察、模仿。创业者必须意识到自己的诚实、正直和道德标准对员工在道德与社会责任方面起决定性作用。创业者的价值观将渗透到整个公司并决定公司的道德特征。创业者必须承担起道德与社会责任领导的责任。

资料来源：Kuratko, Hodgetts. 创业学 理论、流程与实践（第6版）[M]. 张宗益，译. 北京：清华大学出版社，2006. 张玉利，薛红志，陈寒松，李华晶. 创业管理（第5版）[M]. 北京：机械工业出版社，2020.

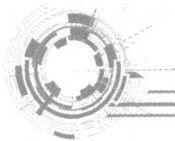

章后案例

雷军和他的创业团队

小米公司成立于2010年4月，最早是一家专注于高端智能手机自主研发的移动互联网公司，创业之初就获得了来自Morningside、启明、IDG和小米团队的4100万美元投资，其中小米团队的56人总计投资1100万美元，公司估值2.5亿美元。

2011年8月16日，此时小米公司仅仅成立一年零四个月，也就是小米公司开始手机硬件设计制作仅仅一年的时候，他们发布了第一款小米手机。该款手机于 2011 年年底进入市场，第一年销售额就达到 126 亿元。

2018 年 7 月 9 日，小米公司在香港交易所上市，企业估值达 543 亿美元。同股不同权下首只尝鲜公司、超高估值、新经济典范……小米公司身上的标签吸引着无数人的目光，它成为继阿里巴巴公司之后，全球最大的科技企业 IPO。

能够成就如此"小米速度"的，是小米公司那七人组成的堪称超豪华阵容的联合创始人团队。雷军是金山软件董事长和著名天使投资人，林斌是谷歌研究院的副院长，洪锋是谷歌高级工程师，黄江吉是微软工程院首席工程师，黎万强是金山软件人机交互设计总监、金山词霸总经理，周光平是摩托罗拉北京研发中心总工程师，而刘德是一位毕业于世界顶级设计院校 Art Center 的工业设计师。雷军是如何组织起这样的联合创始人团队，怎么找到这些合作伙伴，又是如何说服这些合作伙伴来和他一起创业的呢？

1. 雷军

雷军从 2006 年就开始了对移动互联网公司的投资，他投资的第一家企业是乐讯公司，2007 年雷军又投了 UCWEB 和其他一系列的公司。2007 年 1 月，苹果公司发布了 iPhone 一代手机，2007 年 6 月产品正式上市，雷军马上就买回来使用了。按照雷军的话说："我很受刺激，手机居然还可以这样做？"雷军担心自己的体验不具代表性，他干脆买了 20 部 iPhone 回来，分别送给了 20 个朋友。三个月后，雷军发现，只剩下他和另外一个朋友仍在使用。这时候雷军觉得，iPhone 做得太超前了，有很多细节没做好，不好用，但是苹果的 iPhone 打开了雷军的思路，雷军发现未来的移动互联网，将会是软硬件一体化的体验，软件将帮助硬件发挥更大的作用。而单独做软件，其实将会受到较大的局限。从那个时候开始雷军就在想：谁能做出一台更好用的手机呢？

在 2007 年、2008 年，中国的移动互联网还不像今天这样红火。但是雷军已经看到了移动互联网就是技术的未来，尽管当时很多人认为，雷军不过是为了他投资的 UCWEB 等项目做宣传罢了，但是实际上当时雷军就已经认定：手机在未来很长一段时间，将会替代 PC 成为大家最常用的计算工具。到了 2009 年年底，雷军说他觉得自己已经快 40 岁了，想干点事情，因此开始认真考虑如何把手机做出来的问题。雷军说他在这件事情上是先下定决心去做，然后才去考虑如何做的。让雷军下定决心的是他感觉到了这个行业里未来的一些变化趋势，他看好的就是手机会替代 PC 和手机工业的进一步互联网化。雷军觉得，他的手机之梦，时机终于成熟了。他要开始为了这个梦想构建队伍。

2. 林斌

林斌是谷歌中国工程研究院副院长、工程总监、谷歌全球技术总监。全权负责谷歌在中国的移动搜索、工程研发与服务团队的组建工作。林斌还曾是微软工程院的工程总监，可以说，他是当今世界软件产品和互联网产品技术领域数一数二的人物。

雷军认识林斌，是在 2008 年。当时林斌想推动谷歌和 UCWEB 之间的合作。雷军惊讶地发现，林斌有发自内心的对产品的热爱，林斌在谷歌所做的工作和产品都非常投入、非常"下功夫"。那个时候，雷军开始经常去找林斌聊天，两个大男人经常在一起挑灯夜战，聊到凌晨一两点钟。聊着聊着，两个人从合作伙伴聊成了好朋友。

有一次，雷军和林斌聊天时，林斌透露说："我想出来自己创业了，做一个互联网音乐的项目，你看怎么样？"雷军听后大喜，对林斌说："别做音乐了，音乐我们投点钱，别人干就可以了，没意思。咱们一起做点更大的事情吧！"就这样，人们都亲切地叫他 Bin 的林斌，第一个登上了雷军的小米战船。

3. 阿黎

阿黎就是黎万强。这个广东人喜欢人们叫他阿黎。2000 年，阿黎大学一毕业就加盟了金山软件。历任金山软件的人机交互设计总监、设计中心总监和金山词霸事业部总经理。在金山软件的十年职业生涯中，他从一位设计师成长为一个拥有百余人规模的事业部的领导者。

和雷军十余年的共事关系让他们的私交非常好。当时正是 2009 年年底，阿黎决定辞职离开金山，他找到已经是亦师亦友的老领导雷军，说他要去做商业摄影，自己创业了，并且问道："你觉得我这个创业方向怎么样？"

雷军说："我这里也有个方向，要不你来跟我一起干？"

阿黎说道："没问题。"

雷军反问阿黎一句："你知道我要干嘛吗，你就这么答应了？"

阿黎说："你要做手机。"

雷军笑了。

4. KK

黄江吉，人们都叫他 KK。KK 还不到 30 岁就成为微软工程院的首席工程师。但已经在微软工作 13 年的 KK，面临着一个选择——创业还是留在微软继续干？如果留在微软，是在中国还是去美国？

已经决定和雷军合作的林斌曾经是 KK 在微软的同事，林斌了解到 KK 所面临的情况，就把 KK 介绍给了雷军。当时，雷军丝毫没提创业的事儿，就是和 KK 一起聊各种电子产品，从手机到电脑，从 iPod 到电子书。三个人一聊就是几个小时，雷军毫无保留地展示了自己作为一个超级产品发烧友的素质。KK 当时就震惊了："当时我以为我是 Kindle 的粉丝，但是没想到雷军比我更了解 Kindle。当时为了用 Kindle，我还自己写一些小工具去改进它，结果没想到雷军也是这样的疯狂，他甚至把一个 Kindle 拆开，看里面的构造怎么样。"

那天，他们一共聊了四个半小时。KK 已经能够判断出，对面坐的两个人是要做点什么事情的，虽然 KK 还不知道他们具体要做什么，但是在临走之时，KK 说道："我先走了，反正你们要做的事情，算上我一份!"

5. 洪锋

说到洪锋，用雷军的原话就是："你接触他时你会压力很大，他没有表情，他随便你说，你却不知道他是怎么想的。但他是一个绝顶聪明的人。"

洪锋在他上小学的时候就开始学习计算机并编写程序来解决实际问题了。洪锋最令人惊奇的经历就是他在谷歌公司用 20% 的业余时间，和几个人一起做了谷歌 3D 街景的原型。洪锋在美国谷歌公司的时候，是高级工程师。后来他回到中国，在中国谷歌，他又担任了产品经理。他主持开发的谷歌音乐，成为了中国谷歌为数不多的广受赞誉的产品。

这样的一个人，他很强势。雷军想要见见洪锋，算是面试吧。但是没想到，局面实际上变成了洪锋来面试雷军。

洪锋准备了上百个问题来问雷军，越问越细致，越问越难。雷军发现洪锋提的问题比他们自己提到的问题都要细致，雷军也就越来越想要拉洪锋入伙。雷军终于明白，其实对于洪锋，不是雷军在想办法找他一起创业，而是洪锋在面试雷军作为一个老板靠不靠谱。

雷军告诉洪锋：雷军是谁，他打算怎么做手机，还有小米公司能给洪锋什么。

末了，洪锋说："这件事情够好玩，梦想足够大。或者说你可以说这件事情足够的不靠谱，因为它太疯狂了，你觉得这个事情从逻辑上是靠谱的，但是从规模上和疯狂程度上来说，是绝对的不靠谱。这很有挑战性，我决定来挑战一下。"

6. 刘德

本来，刘德并不在雷军的人才规划体系里面。雷军不认识刘德这样的人，而且，雷军甚至认为他根本请不起刘德这样的人才。

然而凑巧的是，洪锋的太太认识刘德的太太，洪锋认识雷军之后，就想到了刘德，这个毕业于 Art Center 的牛人。当时，刘德在美国过着悠哉悠哉的中产阶级生活，安逸得不得了。一天，洪锋故作神秘地跟刘德说："来，和几个朋友聊聊天。"2010 年 5 月，因为回中国办事而到北京的刘德，见到了雷军、黎万强，大家从下午 4 点一直聊到 12 点。

聊完之后，刘德说"这事儿挺好，我又能帮上你什么呢？"雷军说："我们想拉你入伙。"但是，对于刘德来说，如果他来和雷军共同创业做小米，就意味着刘德要放弃他在美国开办的公司，在美国的舒适生活，以及他现在的一切正常的生活轨迹都要被打乱，而小米这个事情，也只是有可能成功而已。

不过当刘德回到美国，他开始去仔细思考这个机会。"这么多年来我都是自己干的，非常累，就是因为没有一个好团队。"刘德说，"我非常愿意加入这个团队，

因为找到一个好 'Team' 太难了！"

为了加入小米公司，刘德下了决心，他放弃了在美国的工作和生活。后来，刘德除了完成了小米手机的设计工作之外，居然还肩负起了小米手机供应链管理的工作，那简直是雷军的意外之喜："我很庆幸洪锋能介绍刘德给我认识。刘德现在幸福不幸福我不知道，反正有了刘德，我是非常幸福的。他做得非常出色！"

7. 周光平

到目前为止，雷军找到了能够做手机系统的人、做手机软件的人、做手机设计的人，就是还没有找到能够把手机做出来的人。作为软件行业和互联网行业的大佬，雷军和林斌，在硬件制造领域都没有什么特别深的人脉。2010 年 7 月 1 日，在小米公司准备启动硬件项目的时候，这个项目还没有一个专业的人才加入。

雷军说："很多人跟我讲创业公司招人困难，所以业务搞不起来。我认为这就是借口。其实那是你作为老板还不够努力。" 2010 年夏天，在三个月的时间里，雷军约见了超过 100 位做硬件的技术人才。雷军、林斌、KK 等人动用了他们所有的关系来找做硬件的人才。最夸张的一次，他和一个理想人选在 7 天内面谈了 5 次，每次 10 小时，但是很遗憾，最后双方由于各种原因却没有达成共识。没有办法，雷军和林斌就继续找人……

在这期间，有朋友介绍了周光平博士，但是雷军判断，这位 55 岁的博士，从 1995 年开始就在摩托罗拉工作的资深工程师，肯定是不会出来创业的。雷军当时倾向于去找一些较年轻的合作伙伴。但是，在 2010 年 9 月，一个周五的晚上，雷军又一次面试毫无结果，还是找不到合适的能够负责小米手机硬件的人选，雷军几乎绝望了。林斌说："要不，试试看周博士吧。"周六，雷军约到了周博士。

周一，周博士到雷军的办公室一起聊天，按照计划，他们预备聊两个小时。谁料两个人见面以后居然都感觉相见恨晚，思想的碰撞一发不可收拾。雷军和周光平，就在银谷中心小米公司的办公室里，从中午 12 点一直聊到晚上 12 点，从互联网聊到硬件设计，从用户体验聊到手机发展趋势，两个人连出去吃饭的时间都舍不得浪费，从中午到深夜，叫了两次盒饭来解决温饱问题……

随后，雷军很兴奋地告诉林斌："周博士'有戏'！"

过了几天，雷军正在外地出差，林斌打电话来："周博士同意加盟小米了！"

至此，雷军的小米创始人"拼图"，终于完成了。

小米公司创始人雷军认为：单打独斗已经成为创业者的历史，未来创业的趋势将是合伙制。这种合伙制的目的是什么？就是要打造一支卓越的创业团队，就是吸纳和凝聚更多的优秀人才抱团打天下。小米公司创业团队的 8 个人中有 5 个"海龟"，3 个"土鳖"，每个人都能够独当一面，创业团队年龄平均 43 岁，都实现了财富自由，不再简单追求挣钱，而是追求将事业做大，从而获得事业成就感。这些人因为解决了基本生存问题，所以不再为五斗米折腰，他们想实现共同创业，想做出一个伟大的企业，因此，这些人创业的时候完全可以不拿工资，而且他们愿意共担风险。

总之，小米找合伙人的目标是要找到最聪明、最能干、最合适干、最有意愿干并愿意抱团合伙干的创业人才。总结下来，优秀合伙人的标准有三个：要有创业者心态，愿意拿低工资；愿意进入初创企业，早期参与创业，有奋斗精神；愿意掏钱买股份，认同公司目标、看好公司前景并愿意承担相应风险。

资料来源 http://www.sohu.com/a/194101776_651803

http://www.miui.com/thread-254648-1-1.html

【讨论题】

1．结合案例中小米创业团队，你认为一个成功的创业团队应该包含哪些特征？

2．小米创业团队组建过程中哪些因素发挥了比较重要的作用？

3．从小米创业团队的身上你能得到什么启发？

第三章　识别创业机会

理解创业机会的内涵
掌握创业机会的来源
理解创业机会的识别过程与影响因素
掌握创业机会识别方法
掌握创业机会评价方法

开篇案例

俞敏洪：新东方为什么选择从出国考试入手

离开北大以后，我很自然地要开始自己的事业，继续着手创办培训班。因为我当时已经考过了托福、GRE，对这两个考试非常熟悉，所以就决定从托福和GRE的培训开始做起。

除此之外，我发现尽管国内出现了学习英语的热潮，学习英语的人数也越来越多，但是更多学生学习英语的目的是希望自己能够通过考托福和GRE出国。这就意味着，参加英语考试的生源比纯粹学习英语的生源更加充足，所以我最终决定，从出国考试开始做。后来我发现，这一决定十分英明，因为我要是只从英语培训开始做的话，到最后，我的培训班可能就只是一个小型的英语培训机构。正是由于我当时隐约地感觉到了出国考试培训将会变成中国的一个热门培训，并且出国人数每年都会越来越多，所以才有了这样一个想法，觉得从托福、GRE考试培训入手应该是最好的选择。

而且，这两个考试在当时被认为是比较难的，尤其是GRE。坦率地说，连北大的老师也没有几个愿意去教GRE的，因为教GRE的基本要求是你的词汇量得在两万左右。那时，没有几个人会背两万个词汇在那"放着"，而我恰恰就是这样一个人。因为上大学时得肺结核病住院一年，我一边读书一边背了很多单词。所以在大学毕业的时候，我其实已经掌握了接近两万的词汇。后来，我在北大又当了六年多的老师，英语水平有很大的提升。不夸张地说，我是北京 GRE 词汇第一老师。

就这样，我教授的这两个考试课程实际上有了一个比较高的门槛。也就是说，我不会遇到别的跟我教得同样好甚至比我教得更好的老师。由于我参加过这两个考试，再加上自己的不断钻研，我对这两个考试的教学有了比较大的把握。

此外，还有一个原因是，我招收的学生与我的教学水平和内容较为契合。我离开北大以后招的大多数学生都来自北大、清华，中国的出国热就是从北大、清华开始并蔓延的。因为国外很多学校、研究生院都知道北大、清华是中国最好的大学，所以只要北大、清华的学生申请，基本都有希望被录取。紧接着跟进的，就是复旦、同济、武大、浙大、南开、南京大学等高校的学生。为了更高的托福、GRE 分数，这些名牌大学、准备出国的学生就变成了我培训班里的学生。

这些学生自身的基础非常不错，所以很容易被教出高分。一旦他们被教出高分，会反过来对我培训班发展有很好甚至非常重要的影响。当时，我个人还希望通过这样的教学进一步提高自己的水平，能够出国读书。

从这个意义上来说，我也非常愿意跟我的学生打交道，因为这样我可以认识一些非常聪明、有才华的人，未来到了国外也可以跟他们变成朋友。这就是尽管那时英语学习在中国也还算火，但是我要从这两个出国考试入手的重要原因。

资料来源：俞敏洪. 我曾走在崩溃的边缘[M]. 北京：中信出版集团，2019: 8-10.

有创业的想法、具有明确的创业意愿只是创业行动的第一步。如果希望将创业想法落地，需要创业者发现合适的创业机会。新东方的起步源于俞敏洪发现了出国培训的趋势与市场空白，但是苹果手机、优步打车软件、余额宝等的出现又不完全在于创业者发现了市场空缺。那么，什么是创业机会、如何识别创业机会、在发现创业机会后应如何行动，对于这些问题的理解与思考有助于创业者顺利开启创业旅程。

第一节　创业机会的内涵

一、什么是创业机会

机会指进行某项活动时的有利环境和恰当的时机。一般来说，创业活动因机会而存在，创业者识别机会，进而将其转化为企业。一些创业者因受到外部的激励而决定创业，接着搜索并识别机会，然后创建一个新企业。而另一些创业者受到内部激励的作用，先识别出现实或未满足的需求即机会缺口，然后通过创业来填补它们。对机会的识别是一个难题，许多创业者常常将机会与创意混淆，创意是一种新的想法或思想，具有新颖性与创造性，但并非所有的创意都能发展成机会。许多创业者都认为自己有很好的想法和创意，对创业充满信心，从而选择一个他们认为新奇可行的产品或服务来创造企业进入市场，但却忽略了对机会识别的关键是选择满足顾客需求的产品和服务，结果导致创业失败。

到底什么是创业机会？本书中我们将创业机会定义为：未明确的市场需求或未得到充分利用的资源或能力，是一组有利于创造新产品、新服务或新需求的环境因素，是可以通过创造性的资源组合来满足市场需求并创造价值的可能性。满足顾客的需求、解决顾客现有的或潜在的问题是创业机会的目标，这也是产生价值的根本来源。

二、创业机会的特征

创业机会的特点在于发现或创造出新的目的—手段关系来实现创业价值，这对于产品、服务或组织方式进行了极大的革新，而且提升了效率。有价值的创业机会主要有以下四个特征：

（1）具有吸引力。吸引力主要是针对潜在顾客而言的，表明顾客想要或渴望的一种未来的状态，即识别人们存在的需求和想要购买的产品或服务。例如，2018年受到消费者追捧的故宫口红，就是抓住了消费者的心理需求。现在年轻的消费者正在寻找与众不同的新事物，易于被设计和时尚所吸引，这样带有中国复古图案（唇膏外壳上有皇家刺绣、古董家具和仙鹤等图案）的与中国传统文化相结合的故宫口红一下子就征服了无数的消费者。

（2）具备持续性。持续性是指创业机会可以持续一定的时间，从而使创业者有可能去发现、评价和开发利用这个机会。持续性从另一方面反映了创业机会的实用价值，简单地说，就是使创业者能够开发出可以把握机会的产品或服务，而且市场上存在对产品或服务的真实需求，或可以找到让潜在消费者接受产品或服务的方法。

（3）具有实时性。实时性是指创业机会必须在机会窗口存续期内加以开发利用。机会窗口是企业实际进入新市场的时间期限。随着新产品市场的建立，机会窗口就随之打开；随着市场成长，企业进入市场并设法建立市场地位；在某个时点，市场成熟，机会窗口就会关闭。拿快递行业来说，从第一家从事快递业的民营企业"快客达"（现已不存在）进入市场，随后有顺丰速运、申通快递、韵达快递、圆通快递、中通快递等其他快递迅速加入市场，快递行业越来越成熟，机会窗口实质上已经关闭，因为现在再创建一家新的快递公司并且想要成功已经非常困难。

（4）依附于为买者或终端用户创造或增加价值的产品、服务或业务。创业机会的价值特征是根本，好的创业机会要能给消费者或用户带来真正的价值。

三、创业机会的来源

创业机会主要来源于市场趋势、问题和市场细分三个方面，理解每个方面的重要性以及学会利用这些来源能够有效帮助创业者识别创业机会，找到理想的创业机会。

1. 趋势

创业机会的第一种来源是趋势的助推作用，创业者通过观察发现趋势、关注趋势并研究趋势从而寻找到自己的创业机会。观察各个行业或市场的变化及趋势对创业者十分重要，优秀的创业者必须具备敏锐的观察力和判断力，在日常生活中发掘出新的有创造力的机会，进而开发出相关的产品和服务。技术进步、经济因素、社会因素、政治和制度变革等往往体现了重要的发展趋势。

（1）技术进步。由于新技术的产生而形成的技术变革能够给创业者带来许多创业机会，新技术给企业带来了新的生产过程、新产品、新市场甚至是新的资源组合。例如，人工智能技术的产生催生了许多教育类 APP，其利用 AI 技术进行在线辅导与咨询。技术进步可以帮助人们简化事务流程，更方便地完成以前很难或需花费很多时间和精力才能做到的事情。以前人们买车票必须到售票点窗口排队等候，现在你想要买一张从武汉到上海的机票，只需要打开携程或者艺龙旅行等软件，输入出发地和目的地，系统会自动显示现有的航次、时间及金额，还能为你配备接机酒店等服务。由此可见，技术的进步还能帮助企业更好地参与竞争。

（2）经济因素。经济发展趋势对市场和消费者有很大的影响。当经济发展处于上升阶段时，人们倾向于购买质量更高更有价值的产品和服务，提高生活水平；当经济发展处于下降阶段时，人们则倾向于购买低廉实用的产品和服务甚至不愿消费，尽量降低自己的生活水平。理解和研究经济趋势有助于创业者找到正确的创业机会，减小失败的风险。比如在经济发展低迷的时期，在写字楼旁边创建一家具有良好环境和氛围的咖啡馆显得不够理智，而在新一轮的消费降级趋势下，一些能够帮助消费者降低成本开销的创业公司可能会获得比较优势。

（3）社会因素。社会趋势的变化改变了人们以往的习惯和生活方式，从而有利于新产品或新服务的开发。人口老龄化的趋势为老年人提供健康医疗、休闲娱乐的产品和服务的生产制造创造了机会。例如"舞林大汇"，这是一个服务于广场舞、健身操人群的在线服务平台，产品通过梳理舞队脉络和目标人群为中心的以兴趣为纽带的社交关系，使用户在娱乐、健身的过程中获得更好的体验，"舞林大汇"的目标客户群体主要为45～60岁的退休中老年人。随着人们生活水平的提高，社会对健康的关注度越来越高，这为保健和健身运动领域创造了机会。类似的社会趋势还包括：社交网络日益发达、智能设备使用增加、对绿色和环保的重视加强等。

（4）政治和制度变革。政治和制度变革也为创业者提供了新的创业机会。如一些新的法律法规的出台为创业者提供了创业机会。20世纪90年代的住房制度改革，催生了大量的房地产行业及相关装修、建筑行业的发展；2003年国家对太阳能产业大力支持，大量关于太阳能的新材料、新能源类的创业公司纷纷诞生。还有一些政策的出台本身就鼓励了创业者进行创业活动。例如对科技企业孵化器、大学科技园、众创空间等有关税收政策的变化。近年来，国家对文化创意产业提供的一系列政策支持，给一些文化创意、动漫产业的发展带来了机会。还比如，环境保护和治理要求标准的不断提高给一些关于保护环境、监测污染的软件或产品提供了机会。

面对不断变化的外部环境，创业者应该去发掘并研究趋势，从而在众多趋势中找到自己的创业机会。

2. 问题

创业机会的第二个来源是"问题"。即发现现存的"问题"然后寻找解决办法而产生的机会。发现问题有很多方式，有可能是通过观察趋势，也有可能是意外的发现或直觉。有些问题在日常生活中很常见，比如来自亲朋好友的烦恼、顾客的抱怨、投诉等。每个问题都可能是一个潜在的商业机会，关键取决于创业者怎么看待它。

很多公司的建立都是为了解决问题。比如现在流行的英语流利说，其创业的起因就是源自同事的苦恼。英语流利说的创始人王翌在谈及创业的初衷时说："身边的同事经常问我如何学好英语，对我们这种在国外上过学的人来说，英语不是问题。但是对于很多在国内学习和工作的人，英语依然是困扰，很多人报了很昂贵的英语培训班却发现效果很不理想。很多人花几万元报的班只去了几次，时间上难以协调，也有的人去了以后觉得效果不理想而放弃。但随着中国企业参与国际化的程度越来越深，大量的员工都需要掌握流利的英文沟通技能，所以说这一需求是存在的。"王翌发现周围的朋友已经很习惯于在微信上聊天，在唱吧上唱歌，观察到此，他觉得推出在线练口语是可行的。英语流利说目前是一款深受大众喜爱的练习英语口语的应用软件，大家在流利说的平台上跟着学习软件练习口语，而且学员之间可以交流、分享和相互帮助。

3. 市场细分

市场细分是创业机会的第三种来源。市场细分在概念上是指按照消费者的欲望与需求把规模过大而导致企业难以服务的总体市场划分成若干个具有共同特征的子市场。通过市场细分寻找缺口可以为创业者带来创业机会。比如各种特色服装精品店的存在，大型购物商场虽然提供的服饰种类多，价格实惠，但是为了满足大多数人的需求，往往普便缺乏特色，而精品店更好的满足了人们的特殊需求，如个性化及定制化服务。

市场细分往往有利于发现潜在的商业机会。例如奇瑞汽车公司发现，轿车已越来越多地进入大众家庭，但是微型车在汽车市场上一向是低端的形象。对于如何抓住这个细分市场，奇瑞公司意识到应突出微型轿车年轻时尚的特征与轿车的高档配置结合，在众多的消费群体中进行细分，有效地锁定目标客户，以全新的营销方式和优良的性能价格比吸引客户。由此，奇瑞公司推出了"奇瑞 QQ"轿车，目标客户是收入不高但有知识有品位的年轻人，同时也兼顾有一定事业基础、心态年轻、追求时尚的中年人。再比如市场上缺少向特殊体型人群销售流行服装的服装店，为弥补这个缺口，Fashions to Figure 公司应运而生，这家公司专门销售特殊体型人群的流行服装，包括针对高、矮个子人群和超大尺寸的衣服。

创业者需要注意的是，不论是通过趋势、问题还是市场细分方式寻找到商业机会，一定要明确这些机会是否真的能够形成一个成功的企业。

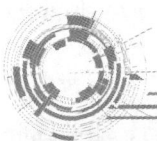

创新创业·新知

关于创业机会的来源，著名管理大师彼得·德鲁克认为创业机会是可以被创造的，他认为创业机会的来源主要在以下几个方面：

➢ 意料之外的事件，包括意外的成功、意外的失败、意外的外在事件等。
➢ 不一致的状况，即实际状况与预期状况的不一致。
➢ 基于程序需要的创造。
➢ 基于产业或市场结构的变化。
➢ 人口的变化。
➢ 认知、情绪及意义上的变化。
➢ 新知识，包括科学的与非科学的知识。

第二节 机会识别过程影响因素与方法

一、创业机会识别过程

对于个体创业者来说，创业机会的识别可以分为五个阶段。如果创业者在某个阶段停顿下来或者没有足够的信息能够继续识别下去，他最明智的做法是重新返回到准备阶段，以便在继续前进之前获得更多的知识和经验。

（1）准备阶段（Preparation），指知识和技能的准备，这些知识和技能可能来自创业者的个人背景、工作或学习经历、爱好及社会网络，创业者需要经验来识别机会。

（2）孵化阶段（Incubation），是指创业者的创新构思活动，仔细思考创意或问题的阶段。这一过程有时是有意识的解决问题或系统分析，有时只是对各种可能和选择的无意识考虑。

（3）洞察阶段（Insight），是指创意从潜意识中迸发出来，或经他人提点，被创业者所意识，这类似于问题解决的领悟阶段，可以用"豁然开朗"来形容。但有时，这种意识促使人返回到准备阶段，因为创业者可能意识到在追求机会之前需要更多的知识技能和考虑。

（4）评估阶段（Evaluation），即有意识的对创意的价值和可行性进行评定和判断，评估的方式包括初步的市场调查、与他人进行交流以及对商业前景的考察。

（5）精炼阶段（Elaboration），是指对创意进一步的细化和精确，使创意得以实现。细节已经构思出来，并且将创意变为有价值的东西，如新产品、服务或商业概念。

图 3-1 所示阐明了创业者机会识别的过程。从图中可以看出，对创业机会的识别是创业者与创业机会的来源进行互动的一个过程。创业机会识别首先是依赖一定的环境和市场发展状况，更多的是和创业者的自身素质和经历有关，有时候需要两种因素结合起来综合决定创业机会识别的因素。创业者通过自己的经验、社交网络等渠道和方法获得关于环境变化的信息，从而捕捉到现存的世界中产品、服务、原材料和组织方式方面存在的缺陷或缺口，找到改进或创造"目的—手段"关系的可能性，最终识别出可能带来新产品、新服务、新原料和新组织方式的创业机会。

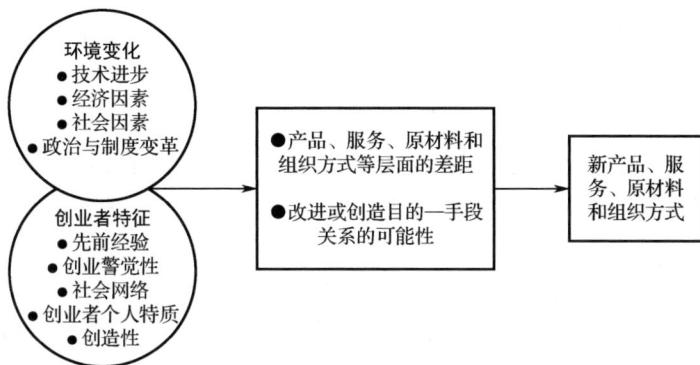

图 3-1　创业机会识别过程

二、影响创业机会识别的因素

创业机会识别对于创业者来说十分重要，也有利于提高社会发展运营效率。那么是什么影响了创业机会的识别，为什么有些人可以较为轻松地识别出创业机会，而其他人则不能识别出创业机会？下面，主要讨论几个影响创业机会识别的影响因素。

1. 先前经验

在特定产业中的先前经验有助于创业者识别机会。一方面，具有先前经验的创业者可能会遇到之前已经遇到过的问题，从而比较容易解决这些问题，与其他创业者相比能更容易识别创业机会。另一方面，在某个产业工作的人更了解这个产业相关的知识，也倾向于注意他们已经知道的信息以及相关的内容，从而能够发现还未被开发或未得到满足的市场或机会。例如蒙牛乳业集团的创始人牛根生在创办蒙牛公司之前曾是伊利集团的副总裁，1998 年他在伊利被免职之后，于1999 年自己创办了蒙牛公司，凭借自己在伊利工作多年累积的经验和发现的问题发展壮大蒙牛公司，短短几年，蒙牛公司被他打造为全球液态奶和中国乳业的双料冠军。

2. 创业警觉性

创业警觉性是指一种持续关注未被发觉的机会的能力。创业警觉性是创业者与非创业者之间的一个非常显著的差别，许多人认为他们能够识别创业机会的一个重要原因就是他们比其他人更加警觉。创业者必须能够时刻关注市场的变化，对于他人忽视的情形他们能敏锐地发现机会，对外部环境保持敏锐的感官。创业者如果具有高度的敏感性，对创业机会的感知能力强，就越有可能发现创业机会。这种警觉性能力一方面是创业者本身的能力，除了创业者自身的天赋和工作经验，对于创业者来说，其实还可以通过自身不断地学习和后天的培养锻炼出来。创业者先是通过学习提升自己的知识水平，通过一定的工作阅历增加自己的经验，最终提高其对创业机会识别的能力。比如，长期在证券交易所上班的金融分析师比一名教师对金融行业的信息和机会就会更加敏感和警觉。

3. 社会网络

创业者的社会网络对机会识别至关重要。拥有大规模社会网络的人比拥有小规模网络的人更容易获得机会，创业者的社交网络规模越大，创业创意得到识别的机会就越多。由于信息的不完全和不对称，未被发现或很少被利用的信息和资源中蕴含着大量的创业机会。创业者的社会网络一方面有利于创业者获取潜在的信息和资源，从而识别机会，另一方面创业者的人脉和资源也能在创业机会出现时给创业者提供参考和建议。

值得注意的是，社会网络有强弱之分，且联系的强弱对创业机会识别的作用也存在差异。强联系主要是指家人、亲戚朋友间的联系，其交流频繁密切，充满了信任与支持，而弱联系主要是偶然遇见的人或通过合作等产生的联系，其特点是交流频率较低。根据对社会关系网络的研究表明，弱联系会比强联系带给创业者更多的信息资源，从而为创业者带来更多的创业机会和创意。因为强联系形成于具有相近或相似特征的个体或组织之间，很难突破和改变自己已有的思想观念，成员相似度高从而提供的信息或资源的异质性低，而弱联系常常发生在不熟悉或偶然认识的个体或组织之间，各个特征的差异性较大从而某个人带来的信息更能给其他人带来不一样的体验，激发创业者的创意和思想。另外，由于大多数人拥有更多的弱联系，偶然的认识可能比亲戚朋友更能提供独特的信息和见解。

4. 创业者个人特质

创业者的个人特质是创业者体现的个性特质，不同创业者之间人格特征的差异形成了创业者特质，这些个体特质对创业的成功与否起到关键作用，且这些个体特质是比较稳定的。根据研究表明，两项特质与成功的机会识别有关。第一是企业家的乐观精神。在感知所承担的高风险时，乐观主义在确定的环境和背景下更容易看到机会而不是威胁。第二种个人特质是创新。成功的创业者可以发现他人看不到的商业机会。

人们认为创业者与普通人不同的是，创业者具有创新精神和发散性思维，他们乐于挑战现有的状态，能够很好地承担相应的风险，他们更愿意在一种动态的环境中寻找自己的发展机遇。他们的这种性格有一定的稳定性，不会因为社会或个人的发展而产生很大的变化。

5. 创造性

创造性是产生新奇或有用创意的过程。从某种程度上讲，机会识别是一个创造过程，是对现实需求的发现与想象。在日常生活中的奇闻趣事以及很多产品、服务和业务的形成过程中都能够看到创造性的具体体现。

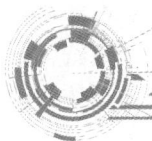

创新创业·实践

忘了"现实世界"

"这在现实世界中完全行不通。"当你向人们介绍一个新创意时，人们总是这么说。

这个"现实世界"听起来如此令人沮丧，貌似所有的新创意、新提案以及外来概念总会在"现实世界"中碰壁。在这里，能够立于不败之地的都是那些人们耳熟能详、习以为常的事物，即使这些东西已经漏洞百出或陈腐低效。

撕开这个"现实世界"的遮羞布后，你会发现，栖居其中的人们都充满着悲观和绝望的情绪。他们期待看到新概念被斩落于马下，他们认为这个社会还没有准备好迎接变革，也无力引发变革。

更糟的是，他们想给其他人灌迷魂汤，让人们也陷进他们的坟墓里。如果你对未来充满期待并野心勃勃，他们就会试图说服你不要为不可能实现的想法去浪费时间。

不要相信他们。这个世界对于他们来说可能是"现实"的，但并不意味着你也要生活在这样的"现实"世界中。

我们了解这一点，因为我们的公司在很多方面就没有通过"现实世界"的测评。在"现实世界"中，你不可能让十几个员工分散在两个大洲的 8 个不同城市办公；在"现实世界"中，你不可能不靠任何销售人员或广告投放就赢得上百万的客户；在"现实世界"中，你不能将自己的成功秘诀透露给其他人。问题是这些我们都干了，并且干得轰轰烈烈。

"现实世界"并不存在，那只是个借口，只是某些人为了开脱自己的无所作为的借口，跟你一点关系也没有。

资料来源：贾森·弗里德，戴维·海涅迈尔·汉森. 重来[M]. 李瑜偲，译. 北京：中信出版社，2010: 11.

三、机会识别的发现观与建构观

对创业机会识别的方法主要分为两类，一类是通过调查分析发现创业机会，主要包括新眼光调查法、系统分析法、问题导向分析法及顾客建议法。另一类是通过主观创造来构建创业机会，如需求创造法、头脑风暴法。

（1）新眼光调查法。新眼光调查法要求注重二级市场调查，即当你在阅读某人出版的作品或"发现"时，利用互联网搜索你需要的信息数据，阅读报纸、杂志、文章等进行调查。开展初级调查是通过与顾客、供应商、销售商的交谈和采访，直接与这个世界互动，了解正在发生什么以及将要发生什么。其次，要记录自己的想法。在这些调查中要学会问问题，通过获取的大量信息提高自己的敏锐度，从而获得许多看问题的新方法。

（2）系统分析法。事实上很多机会都可以通过系统分析得到"发现"。人们可以从企业的宏观环境（政治、法律、技术、人口等）和微观环境（顾客、竞争对手、供应商等）的变化中发现机会。也可以分析人们生活态度的变化、价值观念的变化、道德观的变化等，这些也会对创业的市场需求产生影响，特别是那些与健康或环境质量等有密切关系的产品或服务。借助市场调研，从环境变化中发现机会，是机会发现的一般规律。

（3）问题导向分析法。问题导向分析法即寻找个体或组织的需求和他们所面临的问题。需求和问题需要创业者自己去发现和识别，有些问题和需求可能很明确，但有些也可能很模糊。寻找能够有效满足需求和解决问题的办法有利于创业者发现机会。比如，以前的很多插排都存在这种问题，明明是两个相邻的五孔插座，插上一个插头之后，想插第二个就难了，偏偏就差这么几毫米。虽然面板上有一个两插和一个三插，理论上完全可以同时使用，但在现实中，同一时间只能用一个。针对这一问题，现在已经出现了用错开方式排列的插座。

（4）顾客建议法。顾客建议法即从顾客的各种建议中发现机会。顾客的建议多种多样，他们常常能够发现产品或服务的缺陷，从而提出一些能够更好完善产品和服务的建议。一个新的机会可能会由顾客识别出来，因为他们知道自己想要什么。留意顾客的反馈，有助于你发现创业机会。

（5）需求创造法。这种方法在新技术行业中最为常见，它可能始于明显未满足的市场需求，从而积极探索相应的新技术和新知识，也可能始于一项新的技术发明，创业者进而积极探索新技术的商业价值。通过创造获得机会比其他任何方式的难度都大，风险也更高。但是如果能够成功，其回报也更大。这种情况下所产生的创新在对人类具有重大影响的创新中，居于压倒性的主导地位。索尼公司开发随身听（Walkman）就是一个很好的例子。索尼公司觉察到人们希望随身携带一个听音乐的设备，并利用公司微缩技术的核心能力从事项目研究，最终开发出划时代的产品——随身听，并取得了巨大的成功。

（6）头脑风暴法。头脑风暴法即通过无限制的自由联想和讨论，产生大量的新观念或激发创新设想。进行头脑风暴的方法很多，可以是几个人即兴的讨论，也可以是有主持人引导的正式的头脑风暴会议。进行头脑风暴的目的就是使参与者畅所欲言，互相启发和激励，因此在进行头脑风暴会议时要遵守以下规则：禁止批评和评论；目标集中，追求提出设想的数量，越多越好；鼓励巧妙利用和完善他人的设想；主张独立思考，不允许私下交谈；提倡自由发言，畅所欲言，任意思考。在头脑风暴会议中得到的创意可以使创业者获得有效的创业机会。

创新创业·新知

创业机会的发现与建构

学术界对创业机会的起源与产生过程一直存在着不同的观点。大多数学者认为，创业机会存在于客观环境中，是被创业者发现出来的（Shane, 2012）。创业机会的发现可以用来填补市场空白（Kirzner, 1978），达到市场的均衡（Miller, 2007）。但也有学者认为，创业机会并非客观存在，也非先于创业者的意识，而是被创业者构建出来的。甚至有学者认为，创业机会的发现是机会构建的一个特例，而与之对立的学者则认为创业机会构建是机会发现的一个特例（Alvarez et al., 2013）。

➢ 机会发现观

机会发现观认为，创业机会先于创业者的意识存在于客观环境中，由独具慧眼的创业者发现（Shane, 2012）。例如，微软就是在大型计算机统治的时代识别与发现了小型机的市场机会。研究者认为，机会发现是基于客观存在论逻辑的，即创业者所经历的客观环境，都会在创业者身上留下创业印迹，而印迹会影响创业者在未来识别创业机会的能力。创业者发现创业机会的感知差异来自创业者所经历的环境。印迹赋予某些创业者发现他人忽略的创业机会的特殊想法和感知，因而造就了他们的想法与机会的连接。

➢ 机会建构观

机会建构观认为，并非所有的创业机会都客观存在的，创业机会的出现不可能不依赖于创业者（Alvarez & Barney, 2007）。创业机会出现的根本原因不是因为环境的外生性，而是由于创业者不断提高的实践能力以及创业者创造性想象的能力（Sarason et al., 2006; Suddaby, Bruton & Si, 2015）。这体现出创业机会产生的"众迹"过程。研究者认为，创业机会并非一定预先存在并等待被发现，创业机会可以通过创业者对社会环境、顾客和市场的迭代思考与理解来构建。例如，阿里巴巴通过"双 11"购物节构建出的创业机会。

> 发现+构建观点

部分研究者认为，部分创业机会的产生兼有"发现"与"构建"两者的特征。在创业实践中，很多创业机会是被发现出来的，也是构建出来的，两者是相互作用的。例如，滴滴打车软件是发现了出租车市场存在尚未满足居民出行需求的创业机会，是借助移动互联网技术并结合市场特点与顾客需求构建出来的机会，来满足打车人群的需求以取得创业绩效的。

资料来源：斯晓夫，吴晓波，陈凌，邬爱其. 创业管理[M]. 杭州：浙江大学出版社，2016：76-79.

第三节　评价创业机会

一、基于创业者的评价

对于创业者来说，尽管发现了创业机会，但这并不意味着他要进行创业，因为机会并非适合每一个人，创业者在发现了创业机会之后首先要问自己的就是：这个机会是否适合自己，为什么是自己而不是其他人来开发这个机会。某些机会是有价值的，但是创业者可能因为自己的知识储备、资源、关系、技能等不足而放弃。

并非所有的机会都有足够大的价值潜力来填补为把握机会所付出的成本。为了把握机会，你可能需要放弃现有的工作机会，付出时间、精力以及与机会开发活动相关的成本。研究发现，创业活动的机会成本越高，所把握的创业机会的价值创造潜力也就越大，所创办的新企业成长潜力也越高。

创业活动是创业者与创业机会的结合，一方面是创业者识别并开发创业机会；另一方面，创业机会也在选择创业者。只有创业者与创业机会之间存在着合适的匹配关系时，创业活动才有可能发生，也更可能获得成功。

创业者需要对创业机会进行评价。创业者对机会的评价首先来自他们的初始判断，带有很大程度上的主观性，他们只是简单地进行假设与估计，这个过程可能非常短暂，但却非常重要，这是创业者发现创业机会之后是否做出创业决策的重要依据。有价值的创业机会往往具备吸引力、持续性、实时性的特征，并且会依附于为买者或终端用户创造或增加价值的产品、服务或业务。如果对每一个创业机会都进行全面的市场调查或研究，创业者有时很难把握住机会，因为有时机会稍纵即逝或已被其他创业者所利用。当然，在初始判断之后，进一步的创业行动还需要进行调查研究，从而对创业机会进行更深层次的评价。

二、基于系统分析的评价

系统分析评价类似于项目的可行性分析，可以帮助创业者分析其创意是否有继续发展成为一个企业的实际价值。但值得注意的是，创业者不可能按照框架中的所有指标对机会一一评价，因为创业活动本身就具有很高的不确定性，创业者往往只会选取其中的某些要素来判断创业机会的价值。

1. 蒂蒙斯创业机会评价指标体系

蒂蒙斯的创业机会评价框架，涉及行业和市场、经济因素、收获条件、竞争优势、管理团队、致命缺陷问题、个人标准、理想与现实的战略差异等八个方面的 53 项指标（见表 3-1）。通过定性或量化的方式，创业者可以利用这个体系模型对行业和市场问题、竞争优势、财务指标、管理团队和致命缺陷等做出判断，来评价一个创业机会的潜在价值。

表 3-1　蒂蒙斯创业机会评价指标体系

评 价 要 素	评 价 指 标
行业和市场	1. 市场容易识别，可以带来持续收入 2. 顾客可以接受产品或服务，愿意为此付费 3. 产品的附加价值高 4. 产品对市场的影响力大 5. 将要开发的产品生命长久 6. 项目所在的行业是新兴行业，竞争不完善 7. 市场规模大，销售潜力达到 1000 万～10 亿元 8. 市场成长率在 30%～50%甚至更高 9. 现有厂商的生产能力几乎完全饱和 10. 在五年内能占据市场的领导地位，达到 20%以上 11. 拥有低成本的供货商，具有成本优势
经济因素	1. 达到盈亏平衡点所需要的时间在 1.5～2 年 2. 盈亏平衡点不会逐渐提高 3. 投资回报率在 25%以上 4. 项目对资金的要求不是很大，能够获得融资 5. 销售额的年增长率高于 15% 6. 有良好的现金流量，能占到销售额的 20%～30% 7. 能获得持久的毛利，毛利率要达到 40%以上

评 价 要 素	评 价 指 标
经济因素	8. 能获得持久的税后利润，税后利润率要超过10% 9. 资产集中程度低 10. 运营资金不多，需求量是逐渐增加的 11. 研究开发工作对资金的要求不高
收获条件	1. 项目带来的附加价值具有较高的战略意义 2. 存在现有的或可预料的退出方式 3. 资本市场环境有利，可以实现资本的流动
竞争优势	1. 固定成本和可变成本低 2. 对成本、价格和销售的控制较高 3. 已经获得或可以获得对专利所有权的保护 4. 竞争对手尚未觉醒，竞争较弱 5. 拥有专利或具有某种独占性 6. 拥有发展良好的网络关系，容易获得合同 7. 拥有杰出的关键人员和管理团队
管理团队	1. 创业者团队是一个优秀管理者的组合 2. 行业和技术经验达到了本行业内的最高水平 3. 管理团队的正直廉洁程度能达到最高水平 4. 管理团队知道自己缺乏哪方面的知识
致命缺陷问题	不存在任何致命的缺陷和问题
个人标准	1. 个人目标与创业活动相符合 2. 创业家可以做到在有限的风险下实现成功 3. 创业家能接受薪水减少等损失 4. 创业家渴望进行创业这种生活方式，而不只是为了赚大钱 5. 创业家可以承受适当的风险 6. 创业家在压力下状态依然良好
理性与现实的战略差异	1. 理想与现实的情况相吻合 2. 管理团队已经是最好的 3. 在客户服务管理方面有很好的服务理念 4. 所创办的事业顺应时代潮流 5. 所采取的技术具有突破性，不存在许多替代品或竞争对手 6. 具备灵活的适应能力，能快速地进行取舍 7. 始终在寻找新的机会

续表

评 价 要 素	评 价 指 标
理性与现实的战略差异	8. 定价与市场领先者几乎持平
	9. 能够获得销售渠道，或已经拥有现成的网络
	10. 能够允许失败

在测试中，两个基础假设需要被验证:一是价值假设，即测试产品或服务是否真的能够在消费者使用时向消费者传递价值;二是成长假设，即测试新的消费者如何发现一种产品或服务。目的是为了找到一个可重复和可升级的模型，最为核心的环节在于成型制作以及对消费者接受度和产品可行性的现场检测。

2. 创业机会评价的定性原则

定性分析评价侧重于考虑该市场机会所必须具备的成功条件，创业者拥有的优势以及机会是否符合创业者的方向和目标。创业机会定性评价有 5 个基本问题:

（1）机会的大小、存在的时间跨度和随时间成长的速度。

（2）潜在的利润是否足够弥补资本、时间和机会成本的投资而带来令人满意的收益。

（3）机会是否开辟了额外的扩张、多样化或综合的商业机会选择。

（4）在可能的障碍面前，收益是否会持久。

（5）产品或服务是否真正满足了顾客真实的需求。

创业机会定性评价通常依据这 5 项基本标准:

（1）机会对产品有明确界定的市场需求，推出的时机也是恰当的。

（2）投资的项目必须能够维持持久的竞争优势。

（3）投资必须具有一定程度的高回报，从而允许一些投资中的失误。

（4）创业者和机会之间必须互相合适。

（5）机会中不存在致命的缺陷。

创业机会定性评价，通常可分为以下 5 个环节:

（1）判断新产品或服务将如何为购买者创造价值，判断新产品或服务使用的潜在障碍，如何克服这些障碍，根据对产品和市场认可度的分析，得出新产品的潜在需求、早期使用者的行为特征、产品达到创造收益的预期时间。

（2）分析产品在目标市场投放的技术风险、财务风险和竞争风险，进行机会窗口分析。

（3）在产品的制造过程中是否能保证足够的生产批量和可以接受的产品质量。

（4）估算新产品项目的初始投资额，以及使用何种融资渠道。

（5）在更大的范围内考虑风险的程度，以及如何控制和管理那些风险因素。

创新创业·实践

增强机会识别的实践技能

现有研究指出，存在一些有益于增强机会识别的实践技能。主要包括以下几个方面：

➢ 构建深厚的知识基础

识别机会的能力如同创造力一样，在很大程度上依赖于你在管理中需要多少信息（知识）。拥有的信息越多，就越有可能先于别人识别构成机会的联结点和模式。无论什么时候，学习你能学到的任何事，结果将是机会识别能力的提高。

➢ 将知识组织起来

组织起来的知识比没有组织起来的知识更有用。这也就是说，当我们获得了新知识，就应该积极地去寻找与之相关的原有知识。这样新旧知识的联系就清晰地成为了焦点。以这种方式联系和组织的信息比那些没有组织的信息要更易记忆和利用。

➢ 拓宽获取信息的渠道

一般情况下，接受的与潜在机会相关的信息越多，就越有可能在机会刚刚出现时就发现它们。你可以通过从事"前沿"的工作（例如研发和市场营销工作），或者构建一个巨大的社交网络，或者通过拥有丰富多样的工作和生活经历来获取信息。

➢ 在已有知识中创造联系

研究结果显示，知识结构的内在联系越多，其中的信息就越容易结合起来发展出新模式。这表明，将存储在记忆中的信息同其他认知系统建立联系是有用的策略。建立这种联系的是一种被称为深度处理的方法——积极思考信息及相互间的联系。这点很容易做到，其结果可能会提高识别未来机会的能力。

➢ 训练你的实践技能

创业者有时候被人批评为"梦想家"——想得太多而脱离现实的人。事实上，情况并非如此，他们通常都是实践技能很强的人，具有解决日常生活中各种问题的能力。实践技能绝不是固定不变的，它可以培养。提高实践技能最好的方法就是：不要接受按思维定式想出的问题解决方案。这样会使实践技能得到提高，进而提高识别机会的能力。

➢ 用对错误警觉的担忧，缓和对"命中目标"的渴望

很久以来，创业者就被认为是乐观主义者，他们比其他人遭受了更多因乐观偏见造成的痛苦（例如，即使在没有预期的合理根据时，他们依然相信好结果会出现）。事实上，这种观点也有好的一面。这意味着创业者不仅要关注由"命中

目标"（识别到真正存在的创业机会）带来的潜在收益，也要关注由于错误警觉（实际上不存在的机会）形成的毁灭性代价。换句话说，如果想成为成功的创业者，在识别机会时，就必须同乐观偏见作斗争，避免潜在的危险陷阱——虚假的机会。

资料来源：罗伯特 A·巴隆，斯科特 A·谢恩. 创业管理基于过程的观点[M]. 张玉利，谭新生，陈立新，译. 北京：机械工业出版社，2007：46

本章小结

创业机会是未明确的市场需求或未得到充分利用的资源或能力，是一组有利于创造新产品、新服务或新需求的环境因素，是可以通过创造性的资源组合满足市场需求并创造价值的可能性。有价值的创业机会常常具备四个特征：具有吸引力、持续性、实时性和依附于为买者或终端用户创造或增加价值的产品、服务或业务。创业者可以从环境变化（如政治经济社会等）中观察趋势，获得创业机会，也可以从发现现存问题并寻找解决办法或进一步的市场细分中发掘机会。

创业机会识别可以分为准备、孵化、洞察、评估及精炼五个阶段。创业者的先前经验、创业警觉性、社会网络、个人特质以及信息资源处理能力都会影响到其对创业机会的识别。

对于创业者来说，尽管发现了创业机会，但并不一定要进行创业活动，因为机会并非适合每一个人，并非所有的机会都有足够大的价值潜力来填补为把握机会所付出的成本。创业活动是创业者与创业机会的结合，一方面创业者识别并开发创业机会；另一方面创业机会也在选择创业者。创业者在对创业机会进行初始判断之后，还需要进行调查研究进行系统的分析评价。

关键概念

创业机会　机会窗口　机会识别　创业警觉性　机会评价

复习思考题

1. 机会与创意存在什么区别？
2. 有价值的创业机会具有哪些特征？
3. 人们一般可通过哪些方式发现创业机会？
4. 哪些因素会影响识别创业机会？
5. 哪些个性特征有助于创业者识别创业机会？

6. 创业机会适合每一个人吗？如何评价创业机会？

实践训练

1. 请选择一个你熟悉或感兴趣的活动及场景，基于问题分析与活动及场景相关的问题，在此基础上提出 1～2 个创业机会。

2. 以小组为单位，列出 2～3 个值得关注的趋势。针对每一个趋势，请至少提出两个已经出现的、与之相关的新产品创意。在此基础上针对每一个趋势提出 1～2 个创业机会，并分析这些趋势将如何继续影响创业机会形成、新产品创意开发。

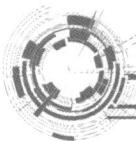

扩展阅读

创造力

"心流"理论提出者、积极心理学奠基人、创造力（Creativity）研究专家米哈里·希斯赞特米哈伊（Mihaly Csikszentmihalyi）认为，创造力是人类生活意义的核心来源。人类生活中大多数有趣的、重要的、人性化的事情都是由创造力引发的结果。当人们深入创造性活动中时，会觉得比其他时候过得更充实。在《创造力》一书中，米哈里指出，将创造力视为某些特殊人物头脑中产生的洞见是具有误导性的想法。创造力来自其构成系统的三个要素之间的互动：包含符号规则的文化，给某个领域带来创新的人，该领域中被认可、能证实创新能力的专家。这里的"包含符号规则的文化"可以视为包括一套符号规则和程序的某个特定领域，如数学、音乐等，这些领域存在于我们所说的文化中，即特定团体或整个人类所共享的符号知识。创造力的发生过程是这样的：一个人使用某个领域（例如音乐、工程、商业或数学）的已有知识，产生了一个新观念或看到了一种新形式，而这种创新被该领域的专家接受、认可，成为该领域的新知识。按照这一逻辑，米哈里提出，创造力是指改变现有领域或将创造一个新领域的任何观念、行动或事物。富有创造力的人就是指其思想或行为改变了一个领域或创建了一个新领域的人。

1. 富有创造力人士的 10 对明显对立的性格

基于一项持续 5 年、对 91 位富有创造力的人士调查基础上，米哈里指出，复杂是创新者的特性。富有创造力的人士身上存在着 10 对明显对立的性格。

➢ 富有创造力的个体通常体力充沛，但也会经常沉默不语、静止不动。

➤ 富有创造力的人很聪明事故，但有时也很天真。

➤ 富有创造力的人是玩乐与守纪律或负责与不负责的结合。

➤ 富有创造力的个体可以在想象、幻想与牢固的现实感之间转换。

➤ 富有创造力的人似乎兼容了内向与外向这两种相反的性格倾向。

➤ 富有创造力的个体非常谦逊，同时又很骄傲。

➤ 富有创造力的个体具有双性性格倾向。研究结果显示，富有创造力的女孩比其他女孩更坚强、更有影响力，而富有创造力的男孩比其他男孩更敏感、更少侵略性。

➤ 富有创造力的人通常被认为是反叛的、独立的。

➤ 大多数富有创造力的人对自己的工作充满了热情，但他们同样会非常客观地看待工作。

➤ 富有创造力的人的坦率与敏感使他们既感到痛苦煎熬，又享受着巨大的喜悦。

2. 提升个体创造力的几个方法

米哈里提出，提升个体创造力可以从以下几个方面着手。

（1）获得创造性能量

从有创造性地使用心智能量的角度看，人与人之间最基本的不同也许在于他们把多少可以自由支配的注意力留给了创新。在大多数情况下，人们被外部必须要做的事情限制了注意力。我们不能指望一个打两份工的男性或一位有孩子的职业女性能留出很多心智能量来学习某个领域的知识，更不要说在该领域中做出创新了。

① 好奇心与兴趣

走向更富创造力的生活的第一步是培养好奇心和兴趣。

➤ 每天都设法为什么事情而感到惊奇；

➤ 每天设法让至少一个人感到吃惊；

➤ 把每天让你感到吃惊的事情和你让他人感到吃惊的方式都写下来；

➤ 当某件事点燃了你的兴趣火花时，一定要跟住它。

② 发掘日常生活中的心流

除非我们学会享受好奇，否则好奇心的重生不会持续很长时间。当我们学会使用潜在的创造性能量，由它产生出自身内在的力量，以保持注意力的集中时，我们不仅能避免沮丧，而且能提高我们关注世界的能力。

➤ 每天早上怀着明确的目标醒来；

➤ 如果某件事情你做得很好，那么它会变得有趣；

➤ 为了能够持续感到乐趣，你需要增加事情的复杂性。

③ 习惯的力量

当创造性能量被唤醒后，我们必须保护它，防止分心，以及外界的诱惑与干扰。

我们可以根据自己的优势，利用组织时间、空间及行为的技术来对抗生活的损耗。这意味着我们要做出节省时间的日程安排，避免分心；安排好周围环境，集中注意力；削减没有意义的义务，汲取心理能量，将其投入到你真正在意的事情上。

（2）内在特点

在学会释放出令人惊叹与敬畏的创造性能量，然后学会通过管理时间、空间和活动来保护它之后，接下来的步骤是尽可能多地将这些支持性的结构内化到你的人格中。

每一个想充分实现自己潜能的人、每一个想参与意识进化的人，都可以把更复杂的人格作为自己的目标。为了这样做，我们需要以对生命奇迹的好奇与敬畏为背景，探索并加强目前自身所缺乏的特点，学会从开放转变为封闭。复杂的理念可以让我们更深入地理解为什么实现这一目标很重要。通过充分表达我们能够表达的想法，我们便能获得创造未来的能量。

（3）运用创造性能量

3. 以新颖方式解决日常生活中的问题

我们要思考什么类型的心智操作能够促进人们以新颖方式解决日常生活领域中的问题。

（1）发现问题

在日常生活中，发现问题很重要，因为它有助于我们去关注会影响到我们体验的问题，否则这些问题就会不了了之。

➢ 换一种方式来表达令你感动的事情；

➢ 从尽可能多的视角来看问题；

➢ 找出问题的含义；

➢ 实施解决方案。

（2）使用发散性思维

发散性思维对创造力很重要。头脑风暴是激发发散性思维的常用方法。

➢ 想出尽可能多的点子；

➢ 尽可能多地想出不同的点子；

➢ 试着提出看上去不太可能实现的点子。

（3）选择特殊的领域

几乎没有人事先就知道我们和哪些领域特别有缘。尝试尽可能多的领域很重要。从你喜欢的事情开始，然后转移到相关的领域。最终你会找到一个或多个符合你兴趣的领域，以及一件或多件你喜欢做并能拓展你的生活的事情。当学习在一个领域中从事活动时，你的生活当然会变得更富创造力。

资料来源：米哈里·西斯赞特米哈伊. 创造力[M]. 黄珏苹，译. 杭州：浙江人民出版社，2015.

章后案例

映客直播的创立与发展

1997 年，奉佑生毕业后的第一份工作是在湖南做公务员。一段时间之后，他发现，这并非是他想要的生活，于是他最终选择了离开。但是，这短短的公务员工作经历，却给他此后的创业带来了许多经验。

2000 年，他前往广州创业，在创业这条道路上，奉佑生一直在不断地探索和尝试。他先是做 ERP 系统开发，后又辗转到了 A8 音乐，他先后做出了开心听和多米音乐等互联网产品。做了几年的音乐软件，奉佑生也没有等来真正的付费音乐时代，他意识到是时候换个方向了。

2014 年，奉佑生意识到直播软件的巨大潜力，在多米音乐内部孵化出了第一个音频直播产品——蜜 live。那时，奉佑生从视频直播社交中看到了价值。当时的他面临两种选择：一种是从蜜 live 的音频直播软件中修改而来，另一种则是直接做直播。最终他选择了后者，这就相当于是白手起家。但奉佑生敢于冒险，他希望做出来的产品纯粹、简单，没有历史包袱。在开始做移动端直播时，他本人坦言，直播概念的爆发是因为王思聪一条置顶在 17 软件（某直播应用软件）上的微博，后来，17 软件因为管理问题下架，在大众需要另一个直播出口时，映客的存在无疑吸收了许多 17 软件留下来的"红利"。奉佑生从一开始就避免出现涉黄问题，这也成为映客在强监管中坚挺的原因，他对此解释道："我当过公务员，跟政府机关打交道比较久，我知道政策的底线。"

2015 年，映客——一款全新的实时直播媒体上线，该应用最明显的两个特色就是全民直播和绿色直播。映客主打素人直播理念，开创"全民直播"的先河。用户只需拿出手机，打开映客即可一键直播，让全平台的用户随时随地观看，点赞聊天，开启直播社交新模式。更可以通过分享到朋友圈、微博、微信来邀请好友观看直播，尽情释放属于自己的精彩。奉佑生提到，自己是湖南人，湖南人最擅于设计社交产品。"湖南属于山区，很多人从小都是在深山里出生、在泥巴里打滚长大，深山里的人没见过世面，很多时候都在独自品尝孤独。"他说自己是一个比较宅、不善社交的人，但越宅的人，越有可能做出好的社交产品，因为他最懂什么是孤独，而越是"社交大王"，越可能做不出好的社交产品。其次，映客直播始终坚持创新、绿色、健康、时尚的运营理念，始终为加强平台规范而努力，严守法律法规，遵守安全底线。映客平台积极配合国家相关部门的行业监管，自觉维护行业声誉，抵制行业不正当竞争，并实现互帮互助、共通有无，将直播产业做大，使整个直播行业向健康有序、良性可持续的方向发展。

得益于此，映客在众多的移动直播平台中杀出重围，用户量大增，还多次在App store（应用商店）畅销榜和免费榜上冲至榜首，并获得了投资量第一的好成绩，仅用了不到一年的时间，用户量便高达一亿，获得了"直播之王"的美誉。2018 年 7 月 12 日，映客直播正式登陆港股，成为了港股的娱乐直播第一股。

关于未来，奉佑生表示，在未来的三到五年，中国会有一个大的社会形态的变化，也就是城市群的变化，省会城市的人口是在净流入的，而且都是年轻人净流入，净流入的人都是县级和市级的年轻人，也包括北上广深部分人回流到省会城市。奉佑生也谈到人是情感性动物，更需要情感上的陪伴和交流，映客通过直播这种产品，主要是解决陪伴问题：无论你身在地球上的任何地方，总有一个人在陪伴你。奉佑生相信视频直播会改变中国社交的格局，"所谓的娱乐和消费都在手机上，现在看来视频社交可以更好地满足"90"后群体的社交诉求。我希望映客直播可以成为继微博、微信后的第三代社交平台。"奉佑生如是说。

【讨论题】

1. 结合案例，你认为映客的创始人奉佑生是如何识别到创业机会的？

2. 哪些因素影响了奉佑生对于机会的选择？

3. 结合案例，你认为未来的中国将会有什么变化趋势？可能存在哪些创业机会？

第四章　开发创业产品

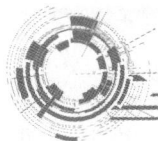

开篇案例

逻辑存疑的音乐培训产品

有朋友曾经跟我聊他的创意。那是在一个创业咖啡馆里，人声鼎沸，来往的路人都是互联网创业者或者投资人。他兴奋到脸色发亮、腮帮泛红，激动地跟我说："我做的这个项目，是可以改变音乐培训领域的产品。"

我有点疑惑，便请他详述。他告诉我，现在的音乐培训还是停留在传统的方式上，学校和求学者信息不对称，上课的很多流程的信息化也做得不好，售后也没有保障，而且针对这些老师、学生的社交也没有专属的平台。所以他要做一个大而全的平台。在这个平台上，老师、学生各得其所，乐在其中，用一款 APP（手机应用软件）就解决掉所有的问题。

他的想法甚至已经落实到原型上了。他希望首页是培训学校的信息和活动，各类学校在这里做宣传，学生也能找到适合自己的学校。第二个页面是课程页面，学生可以在上面签到，教材也可以做成电子版放到里面，以提高教学效率，实现无纸化流程。第三个页面是演唱会和周边的各种音乐活动，有趣也有料。第四个页面可以做电商，大家在这里交易乐器。

他讲了很久，看得出他是很用心在想的。但是我认为，虽然他说的这些问题都可能存在，需求也是有的，但是在产品逻辑上需要进一步推敲。于是我问："那这样的话，参加你平台的培训学校的需求点在哪里呢？我作为音乐培训机构，为什么要入驻你这个平台，而不是58同城或者大众点评呢？"

他说了很多，例如这里是垂直领域的平台，可以做得更专业；可以帮助他们实现在线打卡、无纸化教学，等等。我说："仔细考虑之下，你这个产品实际上很难成立。作为培训学校，他们需要的是更大的曝光率，而不会在乎你这个平台是不是垂直的。此外，音乐培训学校对信息化的需求有多高呢？学校现在很需要无纸化教学吗？对于很多老师来说，是不是反而会降低他们的工作效率？"

我们又针对创业项目的很多地方进行了讨论，我发现他的思路是先定义了未来产品成为大而全的平台，再去倒推各项功能应该如何配合的。这是一个奇怪而又常见的错误：先想一个结论，再去找能证明这个结论的论点。

培训学校的需求是非常零碎烦琐的，难以满足，学生的需求也是如此。他提到的创意要点，相当于做一套58同城、跟谁学、周边游和淘宝的合辑功能，然而每项功能都不可能做的跟别人一样好。在产品逻辑不同的情况下，作为一个大杂烩，不是挂上"音乐垂直领域"的牌子别人就买账的。

资料来源：刘飞. 从点子到产品 产品经理的价值观与方法论[M]. 北京：电子工业出版社，2017:4-5.

对创业者而言，发现创业机会只是将创业愿景向前推进了一步，实现创业愿景还需要在机会识别基础上设计并开发出满足顾客需求的产品。产品开发是创业者对创业机会的深化与实现，是连接创业者与顾客的桥梁与纽带，产品开发成功与否决定着创业者的创业成败。没有可以落地的产品，创业机会只是空中楼阁。

第一节　产品与产品开发

一、产品概述

1. 产品

产品是指通过交换提供给市场的，能够满足顾客或用户某一需要和欲望的任何有形物品、无形服务或者两者的组合。有形物品包括产品实体及其品质、样式、特色、品牌及包装等。无形服务包括带给顾客的心理满足感、信任感，各种售后服务和服务保证，等等。管理大师德鲁克说："企业存在的根本目的就是创造顾客。"只有创造了顾客，企业才能获得回报。产品是企业实现顾客价值的载体，企业通过交付顾客满意的产品创造顾客。开发交付顾客满意的产品，创造保留顾客是创业者实现创业成功的基础。

在产品开发时，具有整体产品观念是非常有益的。以往学术界曾用三个层次来描述产品整体概念，即核心产品、形式产品和延伸产品（附加产品）。20 世纪90 年代以来，菲利普·科特勒等学者更倾向于使用五个层次来描述产品整体概念，如图 4-1 所示。

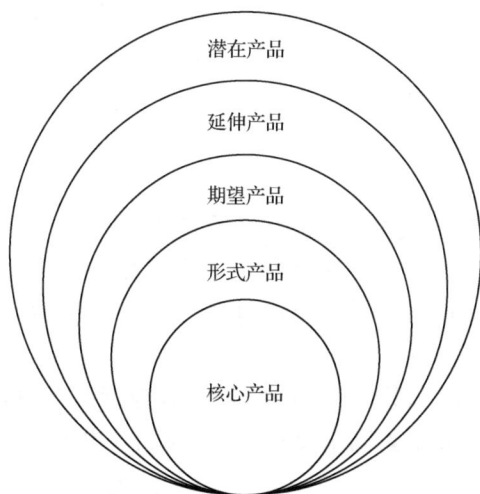

图 4-1　整体产品概念五层次

（1）核心产品是指向顾客提供的产品的基本效用或利益，即回答顾客购买的究竟是什么的问题。例如，露华浓公司的创始人 Charles Revson 指出："在工厂，我们制造化妆品；在商店，我们出售希望。"

（2）形式产品是指核心产品借以实现的形式，包括五个方面的特征：品质、样式、特征、商标及包装。产品的基本效用必须通过特定形式才能实现。例如，酒店的房间应该包括床、浴室等。

（3）期望产品是指购买者在购买产品时期望得到的与产品密切相关的一整套属性和条件。例如，酒店的顾客期望房间里有干净的床、舒适的枕头等。

（4）延伸产品是指顾客购买形式产品和期望产品时附带获得的各种利益的总和，包括产品说明书、保证、安装、维修、送货、技术培训等。实践表明，产品竞争往往源自附加在产品上的包装、服务、广告、顾客咨询、资金融通、仓储、运输及其他有价值的形式。

（5）潜在产品是指现有产品包括所有附加产品在内的，可能发展成未来最终产品的潜在状态的产品。潜在产品是指现有产品的可能的演变趋势和前景。

2. 产品分类

按照使用及消费对象不同，可以将产品分为消费品与企业用品。

（1）消费品

消费品是指用于满足个人需要和家庭需要的产品。

➤ 便利品是指顾客频繁购买或需要随时购买的产品，如香皂、报纸等。

➤ 选购品是指顾客在选购过程中，对适用性、质量、价格和样式等基本指标进行认真权衡比较的产品。电器、家具、音响等都属于选购品。

➤ 特殊品是指具备独有特征和（或）品牌标记的产品，对于此类产品，有相当多的顾客愿意做出特殊的购买努力。例如特殊品牌和特殊样式的汽车、服装、体育用品等。

（2）企业用品

用于企业经营、转售或生产其他产品的产品。

➤ 材料和部件是指完全转化为制造商产成品的一类产品，包括原材料、半制成品和部件。例如农产品、构成材料（钢铁、棉纱）和构成部件（发动机、轮胎）。

➤ 资本项目是指部分进入产成品中的商品，包括两个部分：装备和附属设备。装备包括建筑物（如厂房）与固定设备（如发电机、电梯）；附属设备包括轻型制造设备和工具以及办公设备。

➤ 供应品和服务是指不构成最终产品的一类项目，如打印纸、铅笔等。企业服务包括维修、修理服务以及企业咨询服务。

按照产品所属产业类型，可以把产品分为第一产业相关产品、第二产业相关产品以及第三产业相关产品。

创新创业·实践

《全球创业观察中国报告（2017—2018）》指出，以批发或零售为主的客户服务业是中国创业者选择创业的主要领域，超过60%的创业者在该行业创业，其次为制造业和运输业。

网易云联合IT桔子发布的《2017互联网创业群体调查报告》显示，2017年的创业方向更加分散。电商或O2O产业、文化娱乐等依旧是创业的热门行业，企业服务、云计算、大数据、人工智能相关领域开始热门，创业有增加的趋势。

　　资料来源：搜狐网. https://www.sohu.com/a/276717944_609558;

　　　　　　　　搜狐网. https://www.sohu.com/a/198529350_99904361

二、产品差异化

　　产品差异化是通过设计和制造等活动让顾客将产品与竞争产品区别开来的过程。让顾客体会到产品之间的不同是实现产品差异化的关键。产品质量、产品设计与特色以及产品支持服务是实现产品差异化的重要途径。

1. 产品质量

　　质量是指与满足现实或潜在的顾客需要的能力相关的产品和服务的特征。现实中，不同顾客对质量的理解存在差异。有些顾客认为，产品质量主要是指产品的耐用性，也有些顾客认为，产品的易用性就意味着质量。此外，消费品市场和企业用品市场对质量的认识也有所不同。消费品市场的顾客认为，高质量产品应该可靠、耐用而且易于维修。而在企业用品市场中，技术适合、便于维修、公司声誉好等要素都是高质量产品的特征。而且与个体顾客不同，大多数企业更注重产品质量而不是价格。

　　产品质量包括两个维度——质量水平与一致性。质量水平主要指产品的性能质量，即产品实现其功能的能力。质量水平会受到产品成本、目标市场需求以及产品竞争状况等因素影响。质量一致性是指产品质量始终保持目标性能水平。一致性意味着顾客在任何时间、地点购买产品时都能得到期望的质量。

2. 产品设计与特色

　　设计是一项非常复杂的活动，不仅涉及产品外部特征，而且与产品功能及有用性有关。优秀的产品设计是一家企业最具竞争力的优势之一。以苹果公司 iMac 一体机的造型设计为例，其外观如半透明的玻璃鱼，可以透过机身外壳较为清晰地看到内部构造。弧面造型的使用，给人自由、无拘束的感受，充分打破传统计算机机械、呆板的造型。

　　产品特色是指能够使产品实现某些目标的特殊设计特征。只需增加一些特色，创业者就可能使自己的产品与市场上的其他产品有所区分。传音控股公司专门针对非洲的手机顾客需求，开发出深肤色拍照、一机多卡以及满足当地人歌舞需要的音乐特效等新功能，极大地提升了传音手机在非洲市场的竞争优势，目前已经成为非洲最大的手机制造企业。

3. 产品支持服务

产品支持服务也被称为客户服务，是指任何为产品增加价值的人力、物力的活动，包括送货、安装、融资、客户培训、保证与承诺、维修、便利的营业时间、免费咨询电话等。当市场中的产品具有相近的质量、设计与特色时，实现产品差异化的唯一途径就是提供良好的产品支持服务。创业者可以通过调查发现顾客所需要的服务类型。有些顾客可能对融资服务感兴趣，而其他顾客则可能关心安装和售后维修服务。初创企业所提供的产品支持服务水平对顾客的满意度具有很大影响，这将直接影响企业的产品销售及市场占有率。

三、产品开发

产品开发是指从研究和选择适应市场需要的产品开始，到产品设计、工艺制造设计，直到投入正常生产的一系列决策过程。产品开发是一种创造性的工程活动，是一个综合、决策、迭代、寻优的过程，具有系统性。质量、时间、成本是其关键因素。

产品设计是一个将人的某种目的或需要转换为一个具体的产品的迭代决策过程，它通过线条、符号、数字、色彩等方式把产品呈现在人们面前。产品设计的类型包括功能设计、工业设计和面向制造的设计。

功能设计是以性能及功能需求为依据，开发一个产品的工作原型的过程。功能设计没有考虑产品的外观。

按照国际工业设计协会理事会的定义，从广义上讲，对于批量生产的工业产品而言，工业设计是凭借技能、技术知识、经验、视觉以及心理感受，赋予产品材料、结构、构造、形态、色彩、表面加工、装饰以及新的品质和规格。狭义的工业设计是指外观设计，关注美学（外观）以及易用性需求。

面向制造的设计，一方面是指产品设计需要满足产品制造的要求，具有良好的可制造性，使得产品以最低的成本、最短的时间、最高的质量制造出来。它其实不是一个独立的过程，是进行功能设计、工业设计需要考虑的问题。另外一方面是指工艺设计，定义产品如何制造、如何使用。质量管理体系认证（ISO9000:2000）中对设计阶段的定义是：将设计要求转化为产品规定的特性及产品实现过程规范的一组过程。因此在设计阶段，不仅要设计出产品的原理方案、功能结构、各种参数、容差等静态结果，还要设计产品实现过程的各种工艺和规划方案，如产品的制造加工工艺、过程控制方案、工艺、产品检验计划、检测工艺等。

创新创业·新知

新产品开发的关键目标

产品质量：产品的功能和性能，在多大程度上能满足用户的需求或期望，产品质量最终反映在市场份额和顾客愿意支付的价格上。

产品成本：产品的制造成本以及总成本，包括主要设备和工具的投资，以及生产每一单位产品所增加的成本。产品成本，决定了企业从特定销售量和特定销售价格中所获得的利润。

开发速度（或开发时间、开发周期）：新产品要多久才能上市。

开发成本：产品开发项目的一次性成本。

资料来源：赖朝安. 新产品开发[M]. 北京：清华大学出版社，2014: 4.

四、新创企业产品开发特点

对于绝大多数创业者而言，产品开发是一个从无到有、从 0 到 1 的过程，具有与成熟企业不同的特点。

1. 环境高度不确定

动荡而快速变化的环境是今天企业竞争所面临的共同问题，但是对于创业者而言，这一问题尤为严峻。一方面，创业者的创业活动刚刚起步，更容易受到政策、社会环境变化的影响。另一方面，由于整体实力相对薄弱，一旦受到在位企业的竞争打击，创业者及其团队将难以承受，创业活动将难以持续。正如《精益创业》的作者莱斯所言，创业者是在极端的情况下开发新产品或新服务。

2. 资源经验匮乏

创业者在产品开发过程中往往会面临资源和经验匮乏的窘境。很多创业者都是第一次创业，产品开发所需要的人、财、物等资源相对有限，而且在产品没有成功上市之前，创业者需要持续投入资源并无法获得任何财务回报，这会让创业者捉襟见肘。此外，很多创业者并非技术人员出身，创业团队中也相对缺乏技术专才，缺乏产品开发经验。创业者对产品的认识可能只是一个创意或产品概念雏形，缺乏具体的产品开发能力。

3. 开发时间紧迫

由于环境高度不确定而且缺乏产品开发资源，创业者需要在尽可能短的时间内推出顾客可以接受的产品，否则可能错过创业的"机会窗口"或耗尽产品开发资源。与传统产品开发的反复推敲、力求完美不同，这个时候的创业者需要尽快开发出"最小化可行产品（MVP）"以验证产品相关的基本商业假设，并以此为基础快速完善，抓住顾客。缺乏顾客关注，只站在创业者自身角度讨论产品质量、功能是危险的。

第二节 产品开发过程

在大多数情况下，机会识别只是为创业者提供了一个大的方向。启动创业项目需要创业者围绕机会识别给出的大方向开发出具体、能够实际推向市场的产品。对于创业者而言，成功开发出让顾客满意的产品既要借鉴成熟企业的产品开发模式，也要考虑创业活动的特殊性及创业者自身的实际状况。新创企业产品开发过程也存在创意提出、概念生成、设计开发、测试完善等阶段（见图4-2）。新创企业的产品开发往往不是一个线性向前的过程，不会严格按照成熟企业的产品开发阶段逐步推进，新创企业产品开发是一个快速行动、快速迭代的过程。此外，由于缺少成熟企业稳定的顾客群、完善的运营模式等基础条件，为了尽快将产品推向市场，获得企业生存发展所需的财务回报，创业者往往需要统筹考虑产品开发与企业商业模式设计。为清晰地阐释产品开发的过程、便于理解，本书仍将按照产品开发的不同阶段对产品开发的过程进行说明。

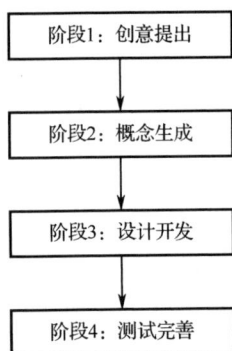

图 4-2 产品开发过程

一、创意提出

创意是指有创造性的意识、意念、注意或想法。产品创意是创业者基于创业机会提出的有关产品的初步构想。产品创意的提出，既与创业者的创造力有关，也可以通过特定的方法获得。在创意提出阶段，创业者应尽可能提出更多的产品创意，以便为后续的创意筛选奠定基础。

1. 创意类型

按照创意的创新性程度，可以将产品创意分为突破性创意与改进性创意。突破性创意是指对产品所在市场而言，创意是独一无二的；改进性创意主要是指创意是对现有产品的改进、升级与优化。爱彼迎（Airbnb）公司推出的共享短租民宿就是突破性创新，而很多连锁酒店推出的精品、特色酒店则更多属于改进性创新。创业者需要改进性创新，更需要突破性创新。突破性创新不仅能开创巨大的市场空间，为公司带来高额利润，而且能够帮助初创企业成为行业领导者或者标准制定者，还可以为企业树立良好的品牌形象。

常用的产品创新创意提出的方法包括头脑风暴法、市场调查法以及产品属性分析法等，这些方法在识别创业机会（第三章第二节）已经有所阐释，这里就不再赘述。

2. 创意筛选

产品研发将耗费大量的人力、物力和财力，创业者在资源和时间有限的情况下要谨慎选择产品创意，以避免不必要的浪费。通过创意筛选，创业者不仅可以尽早发现缺乏市场潜力的创意，而且可以进一步完善原有创意，只有通过筛选的创意才能够进入概念生成阶段。

由于环境变化的高度不确定性，创业者很难在创意提出阶段对创意开发的后续情况做出精准预测，所以这里介绍一种简便、实用的产品创意筛选方法，创业者可以根据实际情况进行适当优化后选择使用。创意筛选的"Real-Worth-Win"法（以下简称 R-W-W）主要通过回答三个基本问题对产品创意进行筛选，如表 4-1 所示。

表 4-1　创意筛选 R-W-W 法

筛 选 指 标	评　分
产品"真实"吗？（Real）	
——是否存在市场需求？	
——技术是否可行？	
产品值得做吗？（Worth）	
——产品的潜在价值有多大（销售额、利润）？	
——产品的成本如何？	
我们能赢吗？（Win）	
——在这方面有优势吗？	
——拥有产品开发生产所需的资源和能力吗？这些资源和能力能够从外部获得吗？	
——竞争情况如何，竞争对手会防御吗，会采取什么防御措施？	

资料来源：成海清. 产品创新管理方法与案例[M]. 北京：电子工业出版社，2014:139.

创业者可以基于这三个维度进行更详细的分析评价，以 0～10 分为标准为产品创意打分。创业者可以基于实际情况确定筛选分数基准，一般情况下，单个维度低于 6 分的创意应该被淘汰。创业产品开发是一个快速迭代的过程，对于被淘汰的产品创意应该纳入相应的创意库，从而为后续的产品开发提供借鉴。

二、概念生成

1. 概念及构成要素

富有吸引力的产品创意需要经过提炼发展为产品概念。《新产品管理》一书作者克劳福德与贝尼迪托指出，"概念是一个产品原型的口语化的表达，这个表达说的是将要发生什么改变，以及顾客如何从中获得利益（或者损失）"。产品概念是形式、技术及需求（利益）有效组合的结果，即基于某项技术开发出一个能够满足顾客需求（利益）的形式。只有把产品创意转化为产品概念，才能真正指导产品开发。

（1）形式：创造出的物理性实体或者一连串服务步骤。例如，一种新型号钢材，其形式是实体存在的钢板或钢丝；一种新的移动电话服务，其形式是包括软件、硬件、人以及作业程序等与电话接听相关的一套活动。

（2）技术：达成形式所需要的系统知识。例如，一种新型钢材，其技术可能包括炼钢所需的新原料、新工艺等。

（3）需求（利益）：产品能够满足顾客特定需求或者为顾客创造的特定利益。

创业者可以从形式、技术以及需求（利益）任意一点出发提出概念。但是如果创业者希望能够成功提出概念，则应该把满足顾客需求（利益）放在首位。

（1）顾客有一项"需求"，可以利用创业者的"技术"生产出一种产品"形式"销售给顾客。

（2）创业者拥有一项"技术"，可能适合某个特定市场群体，创业者在挖掘该特定市场群体"需求"的基础上，用一种特定产品"形式"满足顾客需求。

（3）创业者想象出一种产品"形式"并采用一项"技术"将产品创造出来，之后将其交付给顾客看是否存在任何"利益"。

创新创业·实践

低咖啡因咖啡

在很多年前，北美地区销售的咖啡都是混合着便宜咖啡豆的冲泡式咖啡。但是，随着星巴克以及更多竞争对手的出现，北美地区的咖啡文化发生了巨变。以意大利咖啡吧模式为基础的精致咖啡吧的数量快速增加，意大利式浓缩咖啡广受欢迎。如卡布奇诺和拿铁这样的调和式浓缩咖啡的售价通常是普通餐厅咖啡的3～4倍，是销量最好的咖啡。想象一下，假如我们在一家大型咖啡烘焙公司工作，一周内，有3位不同的员工走进新产品办公室并提出各自的新产品创意，而且他们相互之间不知道其他人来过。

第一个人说，我们最新的顾客满意度报告指出，顾客想要一种尝起来和一般浓度的咖啡口感一样的低咖啡因咖啡，而且这种咖啡还能够做出香浓的卡布奇诺味道。当前的低咖啡因咖啡都没有能够提供这种口感。

第二个人是产品经理。他说，上周我一直在思考我们的产品和竞争对手的产品，我发现两家企业产品的颜色和浓度大致相同。我想我们是否可以大量生产一种倒出来比较浓、颜色比较深，就像土耳其咖啡那样（形式）的浓缩咖啡呢？

第三个人是位刚刚参加了技术研讨会的专家。他说，我听到了一种新型萃取过程，这个新过程可以有效并低成本地从食物中分离并提取出某些化学成分，这种技术或许可以应用到咖啡因萃取过程中。

虽然每一个人都萌生了一个创意，但是，每个人的建议都并非真正有用。第一个人的创意有市场需求但是没有确切的方法。产品经理不知道顾客是否喜欢颜色较深、较浓的咖啡，也不知道该如何制作。专家并不清楚该技术在咖啡制作上是否有效或者顾客是否想要这种改变。

无论第一个人遇到的是产品经理还是专家，一个新产品的概念都将产生。如果遇到产品经理，他们就会去问实验室是否有一种技术能生产出他们想要的产品形式并达成市场效益。如果他遇到的是专家，他们就可能埋头于实验室，寻找这项新技术的准确形式。例如，咖啡因应该被全部萃取还是部分萃取？咖啡的外观应该深一些还是浓一些？多深？多浓？一个概念从创造出来直到形成一个新产品的过程，就像一位经理人所说的，不要浪费时间去寻找一个伟大的新产品创意，我们的工作，是把一个非常普通的创意变成一个成功的产品。

资料来源：默尔·克劳福德，安东尼2迪·贝尼迪托. 新产品管理（第11版）[M]. 刘力，王海军，译. 北京：电子工业出版社，2018.

2. 概念测试

创业者在形成产品概念后，必须在目标顾客中进行概念测试，以了解顾客对产品概念的反应，从而选出最有希望成功的产品概念，最终减少产品开发失败的可能性。概念测试可以让创业者对于创业产品的市场前景产生初步认识，从众多顾客中发现对产品概念感兴趣的目标顾客，针对目标顾客要求完善概念，开发产品。概念测试主要包括如下的步骤：

（1）准备"概念产品"

概念测试是在产品开发前对"产品"进行测试。创业者需要尽可能形象化地呈现"未来产品"的样子，以便顾客对"产品"发表看法。而且，创业者可以根据产品特点差异用不同形式向顾客呈现"产品"。

➤ 有形产品。可以画出产品的立体图或者做出一个产品实物模型呈现给顾客。

➤ 服务产品。可以采取图文并茂的方式将概念产品呈现给顾客。例如，准备从事教育培训业务的创业者可以将构思的教育培训项目设计成一个小册子向顾客介绍。

➤ 软件产品。可以做一个界面的效果图或者软件说明小册子呈现给顾客。

（2）设计概念测试内容

创业者需要认真设计概念测试内容，并制作相应的测试提纲或问卷，以便准确、全面地获得顾客对产品概念的看法。一般而言，概念测试内容包括以下六个方面：

➤ 产品概念的可传播性与可信度。判断顾客是否理解产品概念、相信产品概念。

➤ 顾客的需求水平。了解顾客对产品概念的需求愿望。顾客需求愿望越强烈，产品概念成功的可能性就越大。

➤ 产品概念与现有产品的差异水平。将产品概念与主要竞争对手或者顾客正在使用的产品进行对比，判断顾客对产品的相对偏好程度，以及存在偏好的原因。

➤ 顾客对产品概念的价值认知。了解顾客愿意或者期望为产品支付多少钱，并就此判断产品概念的实际认知价值。

➤ 顾客的购买意愿。判断顾客购买产品的可能性。

➤ 对产品定位有价值的其他信息。例如用户目标、购买场景及购买频率等。

通过对以上内容的测试，创业者不仅可以判断产品概念对顾客是否有足够吸引力，而且可以获得顾客对产品概念改进的建议。

（3）选择概念测试方法

创业者可以采用现场访谈的方法，在向顾客展示产品概念的同时对照概念测试提纲或问卷逐一征求顾客意见。创业者要多问一些"为什么"，深入了解顾客为什么对产品概念没有兴趣，为什么喜欢产品概念，为什么不接受某一价位的产品等。

为降低成本，提高概念测试效率，创业者也可以采用焦点小组法进行概念测试。即邀请部分顾客组成小组，在训练有素的主持人主持下，对产品概念进行交流、讨论。要注意鼓励每一位顾客独立、真实地发表观点，避免让个别顾客主导整个交流活动，影响其他顾客的观点。

（4）实施概念测试

创业者在进行概念测试时要注意以下三个方面：

➤ 选择正确的测试对象。概念测试应该选择对决定是否购买产品、如何改进产品有影响力的人。例如，工业产品不能只调查顾客企业中负责采购的人员，还要调查产品的使用者、产品购买的决策者。这样才能比较全面地了解各类顾客对产品概念的看法。

➤ 避免推销产品倾向。产品概念测试的目的在于帮助创业者设计出顾客真正满意的产品，因此创业者应避免将概念测试变成产品推销。如果创业者在概念测试过程中表现出明显的产品推销倾向，顾客可能会拒绝接受调查或者敷衍了事、不认真作答。

➤ 注意观察顾客的真实反应。当顾客在接受概念测试时，一般会倾向于做出比较积极的反馈。创业者应该注意观察顾客的真实反应，判断顾客是否在迎合调查者。否则调查结果可能会高估概念产品的市场接受程度。

（5）整理测试信息

创业者应该在每次调查完成后尽快对测试结果进行统计分析，形成完整的概念测试报告。

（6）完善产品概念

根据概念测试报告，创业者需要修正顾客需求列表，进一步完善产品概念。

三、设计开发

到目前为止，创业者对于创业产品的设想仍然停留在一段语言、一张图样或者一个粗糙的模型基础上。如果产品概念通过了测试，那么就要通过设计和制造使产品概念变成现实产品，这一过程称为产品的设计开发。产品设计开发包括产品设计、原型开发等活动。这一阶段需要创业者投入更多的实际资源，直接决定着产品创意能否转化为技术和商业上可行的产品。

1. 产品设计

作为顾客，我们都曾接触过设计不佳的产品，并常常因此而感到困扰。例如，指向信息不明的路牌、坐姿不适的椅子、按键使用不便的电梯、交互界面不友好的软件，等等。当然我们也使用过一些设计出色的产品，例如戴森公司的吸尘器、苹果公司的手机、宜家公司的简易拼装家具，等等。在过去相当长的时间内，企业管理者对于什么是产品设计及其在产品开发中的作用既不理解也不重视。有些人认为产品设计就是外观设计，也有些人认为产品要实用，所以设计产品首先要重视产品功能，还有些人认为，产品设计应该丰富多彩，因此设计要标新立异、让人感到有趣。实际上，产品设计涉及一系列技术和经济决策，需要统筹考虑整个产品的概念、外观、结构和功能，具有"牵一发而动全身"的重要作用。一项成功的产品设计应该同时满足企业及其利益相关者的期望，包括功能、质量、制造工艺、社会影响等多个方面。好的产品设计，不仅能确保产品功能优越、外表美观、使用安全简便，而且让产品品便于制造、生产成本低。设计学者罗伯特·韦尔甘蒂（Roberto Verganti）认为，设计已经成为技术驱动与市场驱动之外的第三种产品创新路径。他指出：

"设计引进了大胆而创新的竞争方式。设计驱动的创新不是源于市场，而是创造新的市场；不是推动新技术的产生，而是推出新的产品内涵。顾客还未曾要求这些产品的新内涵，但一旦体验过，他们就会爱不释手。"

实践中的产品设计方法多种多样，创业者可以根据需要综合多种产品设计方法实现创业产品目标。

➤ 加速上市的设计：着眼于提高产品设计效率的设计。

➤ 易制造性设计：强调了生产制造的便利性。

➤ 差异化设计：注重设计的原创性。

➤ 满足顾客需求的设计：深入了解顾客需求，听取顾客意见，也称为用户导向设计。

➤ 建立企业形象的设计：持续展示可识别的外观或感觉以建立企业的独特性。

➤ 环保的设计：关注绿色环保、循环利用，例如可拆卸设计。

除了灵活应用产品设计方法，创业者在产品设计过程中需要遵循产品的通用设计原则（见表 4-2），以更好地满足顾客对产品的需求。

表 4-2　通用设计原则

原　则	举　例
公平使用：产品的设计可以让所有具有不同能力的人都公平使用	公共场所可调节音量大小的付费电话；杂货店的自动门，以方便残疾人士和推着婴儿车或购物车的顾客进入
灵活使用：设计能够迎合各种不同的个人喜好与能力	带有大号按键的电话，以及左右手均可使用的剪子或刀具
简单直观：设计应该易于被任何人理解和使用	咳嗽药上的彩色标签；宜家家居的使用说明尽量使用图示，缩减文字，以减少语言障碍
可感知的信息：无论四周的情况或使用者是否有感官缺陷，设计都应该把必要的信息有效传递给使用者	连接 DVD 和其他电子设备到电视的插头和插座都是彩色的，霍尼韦尔恒温器有数字显示，并且当开关启动时会有伴随着音响的光圈出现
容错能力：设计应该让错误操作所造成的负面结果减到最小	熨斗或咖啡机若超过 5 分钟未使用就会自动关闭；需要给手把上的杠杆施力才可以使用的剪草机
减少体力付出：设计应该尽可能让使用者毫不费力地有效使用	行李箱上的滑轮和把手；有一定倾斜角度的电脑键盘
足够的空间和尺寸：无论使用者的身材或行动情况，使用者都能够就近操控和使用设计的产品	惠而浦双开门冰箱有着标准长度的把手；Copco 厨具制造公司设计的菜刀适用于任何手掌大小的人使用

资料来源：默尔·克劳福德，安东尼·迪·贝尼迪托. 新产品管理（第 11 版）[M]. 刘力，王海军，译. 北京：电子工业出版社，2018.

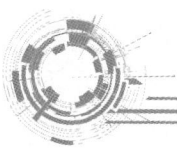

创新创业·实践

极致产品的三个关键词：刚需、痛点和高频

如果你打算研发出一款脍炙人口的产品，务必关注三个关键性要素：刚需、痛点和高频。换言之，你的产品需要符合人性最根本的需求，能抓住用户痛点，并拥有较高频次的使用场景。

➤ 刚需

不符合人性的需求都是伪需求。市场上每年都会出现无数的失败产品，原因何在？《产品经理方法论》一书的作者乔克·布苏蒂尔是科技界炙手可热的产品顾问。他认为，企业最愚蠢的行为，就是往一个根本不存在的市场里砸钱。而在我看来，这些失败的产品背后，往往都有着一群失败的产品经理，他们看到的需求根本不符合人性，是彻头彻尾的伪需求。

➤ 痛点

在用户的强需求上全力突破。制造产品的目的，是解决用户的实际需求，但需求绝不只有一种。有些需求，对用户来说可有可无，如果产品成本不是很高，用户会使用，但是没有它，用户的生活也不会受到明显影响，我将之称为"弱需求"；与之相反的则是"强需求"。一款产品只有在用户最痛的点上突破，才能在最短的时间内获得用户的青睐。

➤ 高频

衡量产品的重要标准。高频意指产品的使用场景一定要在用户的生活中经常出现。产品可以非常不起眼，但是它一定要对用户有价值且应用频率较高。如果使用频度特别低，用户就很难形成印象和体验。

没有一款产品能够讨好所有人，切勿在产品设计阶段就试图做一个上到 80 岁老人下到 3 岁孩子无人不用的伟大产品。比如，iPhone 针对的用户群体就是有一定收入能力的人。同样，现在 360 公司的产品覆盖面看似很广，微信也人人在用，但在二者刚起步时针对的一定是用户的某个高频痛点，然后在这个点上进行突破。只有拥有了较大的用户基数，你才能不断增加功能，扩大定位，走到更多的用户群里。

资料来源：周鸿祎. 极致产品[M]. 北京：中信出版集团，2018.

2. 原型开发

产品原型（Prototype）是指根据产品设计制作出的功能完整、尺寸真实的早期样品。制作产品原型不仅可以让设计人员直观地了解产品的工作情况，而且有助于发现产品设计中存在的缺陷与不足。实践表明，产品原型往往与设计人员初始预期存在一定差距，产品原型往往需要经过多次修改、迭代，才能达到设计预期。产品原型包括实体产品原型与数字化原型。

（1）实体产品原型

实体产品原型是将设计概念实现并制作出产品实体的过程。制作实体产品原型的材料可以与最终成本的材料一样，也可以使用较为廉价的相似材料代替。3D打印技术的发展为实体产品原型制作带来了便利。

（2）数字化原型

数字化原型是利用 3D 建模技术将产品设计转化成数字化的产品原型。数字化原型允许设计数据的实施更新与快速修改，提高了产品设计效率。此外，数字化原型能迅速实现设计内容的可视化，便于设计人员理解并完善产品。

四、测试与完善

成功开发产品原型后，并不意味着创业者可以立刻将产品原型投入批量生产并推向市场。在产品正式上市前，还必须经历一个重要的阶段——产品测试与完善。产品测试与完善的目的在于对产品及整个项目进行系统、全面的测试与完善，以减少产品的缺陷，降低项目的不确定性及风险，提高产品及项目上市的成功率。此阶段的主要活动包括产品使用测试、顾客测试、市场测试和试生产。

1. 产品使用测试

在实验室环境、用户使用环境下对原型产品进行测试和试用，有助于创业者发现并解决原型产品可能存在的缺陷和问题，从而确保向顾客提交的产品品质。根据测试环境不同，产品使用测试可以分为阿尔法测试（Alpha Testing）、贝塔测试（Beta Testing）和伽马测试（Gamma Testing）三种。不同类型的原型产品可分别选择一种或多种产品使用测试方法。

（1）阿尔法测试。阿尔法测试一般在设计与开发阶段进行，是由产品开发团队在实验室环境下对产品进行的使用测试。阿尔法测试的目的是评价产品的特性并且分析产品的质量、性能和可靠性。

（2）贝塔测试。贝塔测试是在顾客实际使用产品的环境下进行的产品使用测试。贝塔测试是在阿尔法测试的基础上进行的，目的是评价新产品在顾客环境下能否正常使用。

（3）伽马测试。伽马测试是在较长的周期内测试产品在满足需求方面的适合性。伽马测试一般用于全新产品和高风险产品的测试。

2. 顾客测试

顾客测试的主要目的是通过让顾客实际使用原型产品，了解顾客对即将上市产品的评价。顾客测试的重点在于了解顾客对产品的喜爱程度、原因以及评价最好的方面。根据顾客意见，创业者应该对产品进行相应的改进与完善。创业者可以将顾客共同看中的产品性能或特征提炼为产品上市时主要的卖点。

3. 市场测试

市场测试是采用模拟市场或试销的方法，了解市场对新产品的接受程度，以预测新产品的销售额和市场份额。对于在上市阶段投入很大、或者上市的投资回报不确定性很高的产品，应该进行严格的市场测试。市场测试虽然要花费一些时间，投入一些资金，但是为了获得上市阶段巨额投入所需要的决策信息，这些投入是值得的，甚至是必不可少的。市场测试能够帮助创业者树立上市阶段进行大量资源投入的信心。市场测试还要对拟定的上市计划进行测试，以检验上市计划是否可行和有效。

4. 试生产

生产系统涉及的因素非常多。试生产的目的在于帮助创业者了解企业是否具有批量生产产品的能力。试生产要测试的内容包括以下五项：

> 生产流程的可信性；
> 原材料和零部件的可获得性；
> 外协厂商的可获得性；
> 生产技能及人员的可获得性；
> 产能的满足性。

除了上述测试活动，创业者还要对影响产品上市成功的其他外部因素（例如供应商、竞争者以及其他利益相关者等）进行测试，及时解决测试中发现的问题，制定风险应对措施，以降低产品上市风险。

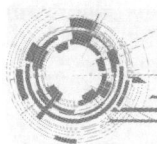

创新创业·实践

最简可行产品

最简可行产品（Minimum Viable Product）是埃里克·莱斯在《精益创业》一书中提出的概念。最简可行产品既可以理解为以最快、最简洁方式呈现核心概念的产品原型，也可以理解为以相应模式进行产品开发的策略。埃里克·莱斯认为，开发最简可行产品的目的并不在于解决技术和设计难题，而是用以验证基本的商业假设，即产品是否满足了顾客需求，产品是否能够创造商业价值。对于创业者而言，一开始就憋着劲要开发一个"所有人都用的伟大产品"，既缺乏聚焦，也容易因开发周期长、占用资源多而出现更多的不确定性。以最小的成本尽快向市场推出一个相对简单的"并不完美"产品，在成本与可用性之间找到平衡点更具有实践意义。开发最简可行产品可借鉴如下方法：

（1）奥卡姆剃刀法。奥卡姆剃刀法是由 14 世纪逻辑学家奥卡姆提出的一种方法，大意是"如无必要，勿增实体"。做产品时我们也可以遵循这一原理，把预期完整的方案简单罗列出来，然后从最不重要的部分一点一点删减，直到再删下去正常功能就无法使用为止，这时候的产品版本就可以算作最基础的一个版本了。

（2）通过用户访谈的方法提供几个复杂程度不同的方案，做成便于理解的演示作品（如图片、样件等），请目标顾客对方案进行评价。目标顾客能够接受的最低限度的版本就是最小可用版本。

（3）去掉可人工处理的功能。在许多互联网产品的创业初期，都是人工去处理很多事务。例如外卖平台最早的做法，都是工作人员看到订单后亲自给饭店打电话下单。一开始根本没有商家端的产品。把这些可以人工处理的功能去掉，暂时用人力来完成，是降低开发成本、实现最简可行产品的好办法。

（4）确保只有一个功能。在最简可行产品中，只实现最重要的那个功能，其他的功能以后再说。确保只有一个核心功能，能够让顾客立刻产生心理定位，知道你是做什么的。支付宝和微信这样的产品都叠加了很多功能，我们依然能说出它们的核心功能是支付和聊天。这样的功能就是我们在最简可行产品中要保留的功能。

资料来源：埃里克·莱斯. 精益创业[M]. 吴彤，译. 中信出版社，2012:70；刘飞. 从点子到产品：产品经理的价值观与方法论[M]. 北京：电子工业出版社，2017:36-37.

第三节　用户体验

一、用户体验的内涵

在一般意义上，"体验"强调的是一种主观感受。20 世纪中后期以来，随着人类活动多样性、复杂性不断增加，商品社会快速发展，特别是对于服务价值的认可与接受，对于"体验"及其价值相关的分析讨论也逐步增多。早在 70 年代，著名未来学家托夫勒（Toffler）就在其成名作《未来的冲击》一书中专辟一节讨论什么是"体验制造者（The Experience Maker）"。当提到"经济的下一发展阶段是哪里？服务之后是什么？"这些问题时，托夫勒给出的答案是："基于一种我们只能暂且称之为'体验行业（Experience Industries）'的行业中，部分细分领域将出现全新的增长。"康奈尔大学心理学教授卡特（Carter）和季洛维奇（Gilovich）的研究表明，购买体验相比购买单纯的产品，能让人更快乐，能让人感受到更多的美好。《经济学人》杂志总结经济学领域的研究后认为，就带来的幸福感而言，体验超过货品，经历超过拥有。

用户体验概念兴起于 20 世纪 40 年代的人机交互设计领域，以可用性（Usability）和"以用户为中心的设计（User-Centered Design）"为基础，强调通过用户参与设计实现产品的特定功能及用户满意。美国学者约瑟夫·派恩（Josehp Pine）和吉姆斯·吉尔摩（James Gilmore）在其 1999 年出版的《体验经济》一书中指出：体验经济是继农业经济、工业经济和服务经济之后的第四个人类经济发展阶段，或称为服务经济的延伸。从农业到工业、计算机业、因特网、旅游业、商业、服务业、餐饮业、娱乐业（影视、主题公园）等，各行各业都在上演着体验或体验相关活动。在不同经济形态中，人们的衣食住行乐以及生产、消费行为存在差异，见表 4-3。

表 4-3　不同经济形态下人们的生产消费差异

发展阶段	农业经济	工业经济	服务经济	体验经济
	初级产品	商品	服务	体验
生产行为	原材料生产	商品制造	强调分工及产品功能	以商品为媒介，以提升服务为主要目的
消费行为	自给自足	功能与效率	服务导向	追求感性与情境塑造，创造值得消费者回忆的活动，并注重与商品的互动
衣/饰品	自己织布并缝制衣服	购买成品布并请裁缝做衣服	在服装店购买适合自己的衣服	服装店不再只提供衣服购买，更强调整体搭配，并推出旗舰店以突出品牌特色
食/蛋糕	自家生产面粉、鸡蛋等材料，并亲自制作蛋糕	从商店购买混合的蛋糕粉，自行烘焙	从专卖店订购蛋糕	过生日不再以吃蛋糕为主，更强调生日 party 的经历
住/房屋	自盖房屋	刊登广告，购买房屋	委托中介进行服务	通过样板房以及网络加强消费者的想象空间与注意力
行/汽车	仅为少数人能拥有，且为代步工具	强调安全性	建立汽车销售网络，提高售后服务	更加强调生活、休闲等个人色彩，汽车能够给给驾驶者提供更多的体验空间

续表

发展阶段	农业经济	工业经济	服务经济	体验经济
	初级产品	商品	服务	体验
乐	休闲娱乐方式单一			强调体验式旅游，如主题公园、互动游戏、亲自动手的休闲农场、SPA、度假村等

资料来源：罗仕鉴，朱上上. 用户体验与产品创新设计[M]. 北京：机械工业出版社，2016:9-10.

在体验经济时代，顾客开始逐步理解并更加关注消费过程中所产生的情绪、思想乃至精神上的个性体验，具体有以下三个方面：

第一，理解消费是一个过程，当过程结束后，记忆将保存对过去的"体验"；

第二，愿意支付更多的金钱和投入更多的时间在愉快的"体验"上；

第三，愉快的"体验"能够促使顾客形成对产品及品牌的忠诚与依赖。

随着顾客对"体验"的重视程度的增加，产品设计人员也会逐步认识到：设计的表现语言并不仅仅是把视觉符号进行简单地演化与变形，更重要的是研究人类的感情和知觉心理系统，让设计的产品能够与人进行沟通交流，从而满足顾客的个性化体验。"体验"应视为整体产品的一部分。

国际标准化组织在 ISO9241-210 指南中将用户体验定义为"人们对于针对使用或期望使用的产品、系统或者服务的认知印象和回应。"用户体验专家杰西·加勒特指出，用户体验并不是指一件产品本身是如何工作的，用户体验是指"产品如何与外界发生联系并发挥作用"，也就是人们如何"接触"和"使用"它。人们使用的每一件产品都会产生用户体验。但是用户体验并不只是针对产品的外观和包装的反应，用户体验贯穿于顾客使用产品的全过程中，包括顾客与产品互动过程中的所有体验。在网络通信技术快速发展的今天，用户体验越来越成为产品乃至企业成功的关键因素。

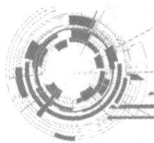

创新创业·实践

没有用户体验就没有商业价值

奇虎360公司创始人周鸿祎在《极致产品》一书中指出：过去，由于信息不对称、商家处于市场链条的有利位置，商家会通过广告、渠道等把产品塞给消费者，把产品卖出去就算完成任务了。互联网普及后，信息多、流动快，用户体验就变得愈加重要了。用户购买了你的产品，这并非交易的终点。恰恰相反，当用户拿起你的产品，使用你的产品的时候，用户体验之旅才真正开始，而用户的体验之旅是否愉快，将直接影响到你的口碑，影响到你的销售。如果一个产品不考虑用户体验，最终一定会失去用户。

关于用户体验，我有自己的看法，只有超出客户的预期，才叫用户体验。打个通俗的比方，同样是请用户吃萝卜，有些人连洗都没有洗便直接将萝卜送到用户手中，有些人却精心雕了朵萝卜花，后者的用户体验无疑明显高于前者。

资料来源：周鸿祎. 极致产品[M]. 北京：中信出版集团，2018:63-64.

如果从企业整体运营的角度，用户体验涉及企业与顾客交互的更多维度与因素，因此，著名产品设计师、企业实践专家唐纳德·诺曼和雅各布·尼尔森认为：用户体验涵盖终端用户与公司、公司服务及其产品之间的交互的方方面面。

二、用户体验要素

为了更好地理解用户体验的内涵，以更准确地分析评价用户体验，有必要进一步分析用户体验的构成要素。

用户研究专家、《用户体验设计》作者惠特尼·奎瑟贝利提出用户体验的 5E 原则：

➤ 有效性（Effective）。可以等同于可用性或者有用性，即产品是可用的且能帮助用户准确地实现目标。如果用户不能完成实际工作目标（或做了不必要的事情），那么，无论体验的长短都失去了意义。

➤ 效率高（Efficient）。完成工作的速度。一旦用户学会了这一功能，用户能否很快完成任务？

➤ 易学性（Easy to learn）。学习成本低。在第一次使用这一功能时，用户能否很容易地完成基本任务。

➤ 容错性（Error to tolerant）。防止用户犯错以及修复错误的能力。用户会犯多少错误？这些错误的严重程度如何？用户能否很容易地纠正错误？

➤ 吸引度（Engaging）。从交互和视觉上用户感到舒适并愿意使用。使用这一功能时，用户的愉快程度如何？

信息构架专家彼得·莫维利认为用户体验包含七个模块，可以用蜂窝模型来展现，如图 4-3 所示。

➤ 有用性——面对的用户需求是真实的；

➤ 可用性——功能可以很好地满足用户需求；

➤ 满意度——涉及情感设计的方面，比如图形、品牌和形象等；

➤ 可找到——用户能找到他们需求的东西；

> ➢ 可获得——用户能够方便地完成操作，达到目的；
> ➢ 可靠性——让用户产生信任；
> ➢ 价值性——产品要为投资人产生价值。

（资料来源：MBA 智库·百科. https://wiki.mbalib.com/wiki/用户体验的蜂巢模型）

美国学者罗伯特·鲁宾诺夫将用户体验分为四个要素：品牌（Branding）、可用性（Usability）、功能性（Functionability）和内容（Content），并整合运用这四个要素来对产品的用户体验进行评价，如图 4-4 所示。

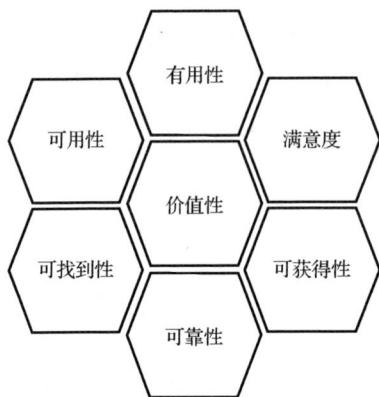

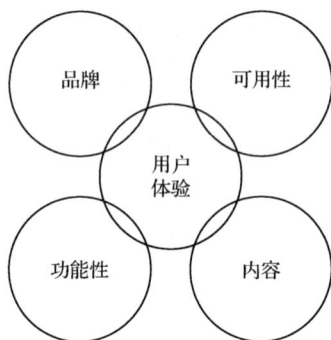

图 4-3　彼得·莫维利的用户体验"蜂窝"模型　图 4-4　罗伯特·鲁宾诺夫的用户体验四要素图

由于研究视角以及关注重点的差异，对用户体验要素构成的讨论并未形成完全一致的意见。除了上述模型外，营销专家贝恩特·施密特提出感官、情感、思考、行为及关联五大用户体验体系，"网页易用性"大师、企业实践专家雅各布·尼尔森提出的"十大可用性原则"以及用户体验专家、《用户体验要素》一书作者杰西·加勒特提出的战略层、范围层、结构层、框架层、表现层"五层次模型"在用户体验要素分析领域也具有较大影响力。深入理解用户体验要素构成对于评价、设计用户体验具有重要意义。

创新创业·实践

"蔡格尼克记忆效应"的设计应用

概述：人们对未完成任务的记忆比已完成的更深刻。

应用范例：在复杂任务中使用进度条，当任务完成时进行提示，并激励用户完成未完成的任务，例如获得勋章（成就）之类的小物品。很多应用（尤其是技能学习类应用）通过对学习进程进行更细致的任务分解，然后利用蔡格尼克效应的影响对用户的学习进程进行激励。例如语言学习应用 Drops（如图 4-5）。

图 4-5　Drops 应用程序界面

资料来源：酸梅干超人. 让设计更有说服力的原则：冯·雷斯托夫效应和蔡格尼克记忆效应. https://www.25xt.com/appdesign/39752.html

三、用户体验设计

用户体验直接影响用户对于产品的评价、口碑及后续购买行为，产品设计人员需要将用户体验纳入产品整体开发活动中，作为产品开发的重要组成部分。

用户体验研究专家内森·谢卓夫（Nathan Shedroff）认为，体验设计是将消费者参与融入设计中，是企业将服务作为"舞台"，将设计作为"道具"，环境作为"布景"，使消费者在过程中感受美好体验的设计。企业要重视"有意义的体验"。这是"一种超越人的功能性、体现情感和身份的需求"。"它回答了一个关键问题'这贴近我的世界吗？'或者反过来说'这会成为我的世界吗？'如果企业重视体验的意义并为之努力，价格、性能、触发器和设计决策的问题会迎刃而解"。

我国学者罗仕鉴和朱上上认为，用户体验设计是一项包含了产品设计、服务、活动与环境等多个因素的综合设计，每一项因素都是基于个人或群体需要、愿望、信念、知识、技能、经验和看法的考量。

简而言之，用户体验设计是一种"以用户为中心"、强调一切从用户需求出发的设计。用户体验设计的目的在于通过设计，实现用户在与产品互动的过程中产生积极、有意义、令人满足的情感。产品开发人员在产品开发之初就需要将用户体验设计纳入产品开发的整体框架，在产品开发的每一阶段都要考虑用户体验，分析用户的真实目的与需求。用户也不再是被动地等待设计，而是直接参与并影响设计，以保证设计真正符合用户的需要。用户体验设计是设计概念在信息时代及体验经济形态下的升华，是在新的经济形态背景中萌生出来的新设计观、新设计方法与新设计理念，更强调设计能够给使用者带来的情感交融，引发更为深刻的体验。

用户体验设计需要综合考虑用户的生理、心理和行为需求。基于心理学家马斯洛的需求层次理论和用户体验相关研究，提出一个用户体验设计三阶段模型，如图 4-6 所示。用户对于产品的需求可以按照从低到高的顺序分为基本需求、期望需求和兴奋需求，根据马斯洛的需求层次理论，用户的产品需求存在从低到高顺序发展的规律，较低层次的需求得到满足后会生产更高层次的需求。围绕用户需求变化，用户体验设计将侧重有用、易用和好用三个不同标准，完善产品设计，更好地满足用户需要，持续提升用户体验水平。

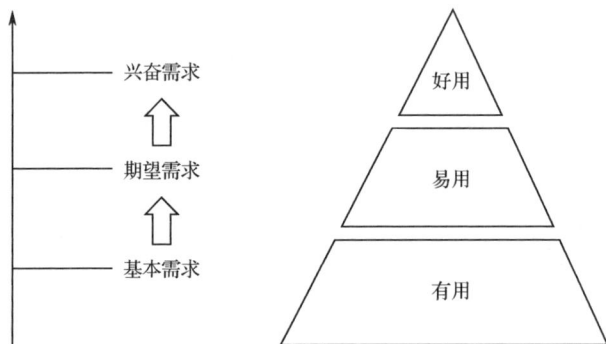

图 4-6　用户体验设计三阶段模型图

1. 用户需求变化

（1）基本需求。基本需求主要针对用户认为产品所必需具备的功能。

（2）期望需求。期望需求主要针对用户可能自己也不清楚，但是期望获得的功能。虽然期望需求不像基本需求那样必备，但是产品所提供的期望需求体验越多，用户将越满意，反之用户满意度将会下降。

（3）兴奋需求。兴奋型需求主要针对用户未曾想象，但是能够产生极高满意感的功能。即使有些兴奋型需求体验不太完善，用户也会产生满意感。另一方面，如果没有提供兴奋型需求体验，用户也不会表现出不满意。

2. 用户体验设计

（1）有用。有用是指产品具备满足用户基本需求的功能。例如，微信的聊天功能和通讯录。

（2）易用。易用解决的是产品是否容易使用，包括上手快、操作简单等。例如，微信所提供的语音、视频功能不仅可以让聊天更加方便，而且有助于减少人与人之间的距离感。

（3）好用。好用是指产品设计超出用户预期，能够让用户产生积极情感，与视觉、美学设计相关。例如，微信增加的暗黑模式，将让那些经常在夜晚看手机的用户不必再因屏幕过亮而不适，从而产生更好的使用体验。

用户体验设计三阶段模型为创业者实施用户体验设计提供了一个简单、易行的分析框架。但是在实践过程中，用户体验设计并不会严格按照三阶段顺序依次推进。对创业者而言，准确把握用户的实际需求，统筹有用、易用、好用等用户体验设计原则，在产品开发成本与可用性动态平衡基础上持续提升用户体验水平，这对实现产品开发乃至创业成功具有重要意义。

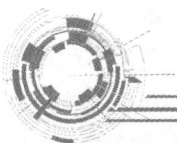

创新创业·新知

用户体验设计的学科知识基础

作为一门新兴学科，用户体验设计吸收了多学科的知识，可以简要划分为面向人的学科、面向技术的学科以及面向设计的学科。面向人的学科包括心理学、生理学、社会学、文化学、语言学、哲学和美学等方面的知识；面向技术的学科主要包括信息沟通技术，设计计算机技术、信息技术、电子技术、网络技术、软件工程、人际交互技术和数据库等；面向设计的学科包括工业设计、艺术设计、数字媒体设计和动画设计等。

➤ 信息沟通技术。信息沟通技术包括信息电子技术、计算机技术和网络技术等，它们为用户体验与产品创新奠定了基本的技术基础。

➤ 工业设计。从用户体验的角度，工业设计聚焦解决人与产品、环境的交互关系。在人的方面，关注情感、目的、任务、感知、期望和能力等因素。在产品与环境方面，关注功能、性能、外观、结构、色彩、声音、材质、味道等因素。

➤ 艺术设计。艺术设计主要从美的需求出发，研究界面以何种形式来呈现。与用户体验相关的艺术设计主要包括视觉传达设计、公共环境艺术、装饰笔画、数码交互艺术、建筑造型艺术以及城市艺术等。

➤ 心理学。与用户体验设计相关的包括认知心理学、实验心理学和工程心理学等。例如借鉴实验心理学的方法开展用户研究和设计测试等。

➤ 人机工程学。人机工程学对人机界面设计存在重要影响，包括在用户体验设计中考虑"人的因素"提供人体尺度参数、为"机"的功能合理性提供科学依据、为考虑"环境因素"提供设计准则、为开展人—机—环境系统设计提供理论依据等。

➤ 其他学科。其他学科包括社会学、人类学、市场学、情报学和管理学等。

资料来源：罗仕鉴，朱上上. 用户体验与产品创新设计[M]. 北京：机械工业出版社，2016：31-38.

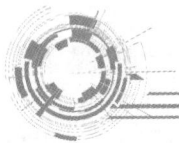

创新创业·实践

潘多拉网络电台用户体验构建

美国潘多拉网络电台是一家新媒体网站提供的在线广播电台。潘多拉网络电台既是全球最大的网络电台，也是一家上市公司。根据该公司 2013 年发布的财务报告显示：电台注册用户达 2 亿，活跃用户 7000 万，占据全美前 20 位网络电台超过 70%的市场份额。在美国网络电台竞争十分激烈的环境下，良好的用户体验成为吸引用户和增强用户粘性的关键因素。下面从"有用、可用和好用"三个层面分析潘多拉网络电台的用户体验构建。

有用。潘多拉网络电台的"基因组计划"，即有用层面，是潘多拉的最显著特征。潘多拉网络电台首席执行官（CEO）威斯特伦在创立公司之初，专注于打造一款能够分析歌曲的音乐推荐引擎，最后这成为潘多拉网络电台为用户推送音乐的核心。潘多拉网络电台的"基因组计划"收录了超过 80 万首经过单独分析的歌曲，这些歌曲来自 8 万名歌手。"基因组计划"对收录的每一首新歌依据旋律、和声、配器、歌词等总计 480 项音乐属性进行分析归类，这样的工作基本上都是由潘多拉网络电台的音乐分析师完成。"有用"的本质是满足用户的需求。互联网时代，长尾理论在发挥着作用。潘多拉的"基因组计划"为满足个人化的需求创造了可能。

可用。在功能层面，潘多拉完全颠覆了传统的播放器模式，从不设置音乐播放列表，力求"可用"。当新注册用户首次打开潘多拉网络电台网页时，一个简单精致的音乐盒子便出现在用户面前。用户输入自己喜欢的歌曲或者歌手的名字，就可以创立一个个性化的私人电台。如新注册用户在搜索框内输入"Some Like It Hot"，潘多拉就会自动联想到一个选项"Some Like It Hot by Marilyn Monroe"，这样用户就创立了一个名为"Some Like It Hot"的私人电台。"Some Like It Hot"电台会向用户推送风格相似的歌曲。与传统播放器不同，潘多拉电台并不是直接播放用户选择的歌曲"Some Like It Hot"，而是推送一首风格与之十分相近的歌曲。

好用。潘多拉用户的粘性非常高，这由于潘多拉电台非常"好用"。潘多拉网络电台对个性化的追求最终结果就是让用户产生这是"我的电台"的感受。潘多拉电台非常重视分析用户的反馈行为。根据用户对歌曲的喜好，随机推送基于用户习惯的音乐。潘多拉网络电台的系统在匹配过程中完全不考虑歌手的知名度或者歌曲的流行程度，所有歌曲都基于音乐属性，一视同仁。但它推送的歌曲非常符合听众的个性化需求，许多听众都能够在潘多拉网络电台感受到发现"失散多年"的老歌的惊喜或者发掘出默默无闻歌手的作品。也许正是落魄音乐人的经历触发了 CEO 威斯特伦创建潘多拉网络电台的灵感。而对于听众，潘多拉网络电台推送的每一首歌都能激起他们的音乐好奇心。

　　通过互动，潘多拉系统会根据用户的操作行为重新计算并修正用户个人的音乐库，推送更加符合用户个人习惯的歌曲。例如，当潘多拉播放"The Way You Make Me Fell"时，如果用户点击喜欢（thumbs-up），那么潘多拉将推送更多与"The Way You Make Me Fell"基因类似的音乐。而如果用户点击不喜欢（thumbs-down），潘多拉电台将推送那些基因和它差距越来越大的音乐。经过多次相互反馈，潘多拉电台为用户建立了高度个性化的"私人电台"。

　　如果厌倦了某种音乐风格怎么办？用户可以通过输入不同风格的歌曲新建一个"私人电台"。潘多拉的系统将基于这首不同风格的歌曲重新进行推送，每名用户最多可以建立 100 个私人电台。潘多拉网络电台透露，公司总计拥有 14 亿个私人电台，平均每名注册用户拥有大概 14 个私人电台。

　　资料来源：肖弦奕. 美国潘多拉网络电台的用户体验构建、盈利模式和市场拓展分析[J]. 中国广播，2013, (10): 26-27.

本章小结

　　产品是有形物品、无形服务或者两者的组合。整体产品观强调产品包括核心产品、形式产品、期望产品、延伸产品、潜在产品五个层次。产品质量、产品设计与特色以及产品支持服务是实现产品差异化的重要途径。新创企业产品开发具有环境高度不确定、资源经验匮乏、开发时间紧迫等特点。新创企业产品开发过程可以划分为创意提出、概念生成、设计开发、测试完善等阶段，但新创产品开发过程具有与成熟企业不同的特征。"体验"是整体产品的一部分，是"以用户为中心"理念的具体体现与实践。认识用户体验需要理解用户体验构成要素。用户体验设计强调设计要从用户需求出发，通过良好设计，让用户在与产品互动过程中产生积极、有意义、令人满足的情感。

重要概念

整体产品观　产品差异化　产品开发　产品开发过程　"R-W-W"法
产品概念　概念测试　产品原型　产品使用测试　最简可行产品
用户体验　用户体验设计

复习思考题

1. 为什么开发产品时要重视整体产品观？
2. 如何实现产品差异化？
3. 新创企业产品开发具有哪些特点？
4. 新创企业产品开发过程与成熟企业存在什么不同？
5. 为什么在开发产品原型后要进行产品测试？产品测试包括哪些形式？
6. 开发最简可行产品的意义是什么？
7. 如何理解"没有用户体验就没有商业价值"？
8. 不同用户体验要素模型的相同点与不同点是什么？
9. 用户体验设计如何满足用户的兴奋型需求？

实践训练

1. 选择一项自己经常购买、使用的产品（例如食品、服饰、手机应用程序、餐饮休闲场所等）谈谈你的使用感受：为什么经常购买、使用该产品？相对于同类产品，该产品最吸引你、最能打动你的地方是什么？该产品有什么需要改进的地方？为什么？

2. 以小组为单位，在前面课程所提出"创业机会"的基础上，根据本章内容开发设计一个"创业产品"。详细说明产品开发思路、产品主要功能、"最简可行产品"形式与功能、对用户体验设计的考虑以及产品测试的情况等。

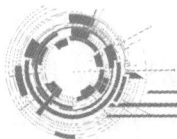

扩展阅读

设计思维

设计思维来源于英文的"Design Thinking"。其中"Design"的真正含义是对任何一种复杂的现象或者问题，设计出一套创新的产品、项目、服务、流程、模式、战略等。设计思维就是利用设计师的思维模式来解决复杂的问题，获得创新解决方案的思维模式，它适用于任何一个需要解决问题的人，包括解决现有的和寻求现在还不存在的、新的产品、服务、流程和模式等的问题。

设计思维强调从最终用户（客户的客户）的角度出发，利用创造性思维，实现对设计的产品、项目、流程、商务模式或者某个特定的事件等，通过观察、探索、定义、头脑风暴、模型设计、讲故事等制定目标或方向，然后寻求实用的、富有创造性的解决方案。其主要目标是站在客户需求或者潜在需求的角度发现问题，然后解决问题。

20 世纪（或者更早）的很多设计活动都可以被视为"设计思维"，而这个概念是在 20 世纪 80 年代，随着人性化设计的兴起而首次引起世人的瞩目。在科学领域，把设计作为一种"思维模式"的观念可以追溯到赫伯特·A.西蒙于 1969 年出版的《人工制造的科学》一书。在工程设计方面，更多的具体内容可以追溯到罗伯特·麦克金姆于 1973 年出版的《视觉思维的体验》一书。20 世纪八九十年代，斯坦福的教授、美国著名的设计家罗尔夫·A.法斯特把麦克金姆的理论带到了斯坦福，扩大了麦克金姆的工作成果，把"设计思维"作为创意活动的一种方式，进行了定义和推广。此后，"设计思维"理念在全球各地得到了越来越多的关注。

设计思维的流程有几个不同的版本，其中斯坦福大学 d.school 的流程简单易懂，对于初学设计思维的人更容易掌握，而且对于公益设计和产品设计非常实用。

d.school 设计思维的流程分为五大步骤：同理心、问题定义、创意构思、原型设计、原型测试，这里更强调的是利用同理心进行观察，然后找到设计的问题，在通过创新创意构思解决方案。有了方案，再利用可视化直觉进行原型设计，对原型进行测试，调整完善（见图 4-7）。

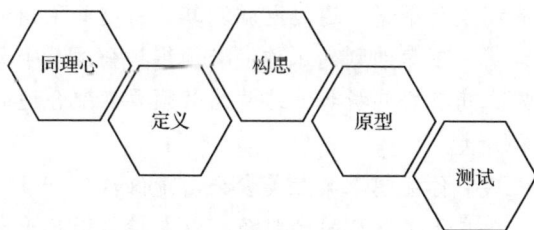

图 4-7　d.school 设计思维流程图

案例

万豪酒店认为客人登记入住是客户进入酒店最重要的时刻，所以，在此时给客户提供最佳的服务应该是良好印象的开始，也是让客人感受到宾至如归的时刻。因此，设计师需要设计一个登记入住的优质服务流程。设计师遵循设计思维的观察环节要求进行了亲身体验：从机场上车到酒店门童接待，再到登记入住，最后乘电梯进入房间，客人脱下西服，摘掉领带，躺倒在床上，打开电视，开始休息。观察结果发现，客人对酒店的印象有一个关键时刻，这一时刻不是登记入住和门童接待，而是进入房间时的"舒口气"。在像家一样的环境下，将整个旅程的疲劳在这里"冲洗掉"才是关键时刻。所以设计的重点应该放在这"舒口气"的时刻，将酒店设计出像家一般的感觉。这一思维模式就是设计思维。

资料来源：鲁百年. 创新设计思维（第2版）[M]. 北京：清华大学出版社，2018.

章后案例

贵宾式最小化可行产品

曼纽尔·罗素（Manuel Rosso）是德克萨斯州奥斯汀市的一家新企业的首席执行官。罗素的公司叫"桌上美食"（Food on the Table）。桌上美食公司制定每周菜单，并根据用户和用户家庭的喜好，开列食品杂货店清单，然后再链接到当地的店家，寻找最划算的食材。

上网注册后，你要做一些设置，标明常去的食品杂货店，勾出你家爱吃的食物。之后，如果要比较价格，你可以挑选附近另一家商店。接着，你会得到一张根据你的喜好列出的项目清单，并问你，"本周心情如何？"圈定之后，选择你准备计划几顿饭，以及你最注重的是什么，比如时间、花销、健康或多样性。这时，网站会搜索与你的要求匹配的菜谱，算出一顿饭的开销，还能让你打印采购清单。

显然，这是一套相当详尽的服务。在后台，一组专业厨师利用遍布全美国的食品杂食店的打折食材设计菜谱。通过电脑测算，将这些菜谱和每个家庭的独特需求偏好相匹配。设想一下牵涉到的工作：必须维护全国几乎每家食品杂货店的数据库，包括本周哪家店有哪些折扣。这些店必须要匹配合适的菜谱，然后相应地进行定制、标签和分类。

读了这些描述之后，你能想象桌上美食公司是仅仅从一位顾客起家的吗？你大概会很惊讶吧？如今桌上美食公司的服务可以支持美国几千家食品杂货店，而当年它只能支持一家店。公司是怎么选上这家店铺的呢？这当然不是由企业创始人决定的，而是公司的第一位顾客的选择。同样，公司刚开张的时候也没有菜谱之类的东西，直到第一位顾客打算要准备菜单的那一刻才有了菜谱。实际上，公司在服务第一位顾客时，没有开发任何软件系统，没有签署任何商业开发合作协议，甚至连一位厨师都没有。

罗素和公司产品副总裁史蒂夫·桑德森（Steve Sanderson）走访了他的家乡

奥斯汀的超市和杂货店。他们的任务之一就是观察顾客，并将观察发现的收获纳入设计理念和其他技术构想。同时，曼纽尔和他的团队也在寻找其他资源：他们的第一位顾客。

当他们在食品杂货店这些地方遇到潜在的顾客时，他们会像所有能干的市场调查员那样提问，每次谈话后，他们还会试着推销，描述"桌上美食"的好处，说明每周服务的定制费用，并邀请顾客加入。大多数情况下他们得到的回答是拒绝。不管怎么说，他们遇到的许多人都不是早期使用者，而且也不太会接受一项看不见摸不着的新服务。不过还好，最终还是有人点头了。

这种早期使用者受到了贵宾式的待遇。她不是通过冷冰冰的软件与"桌上美食"的产品服务打交道的，而是得到了公司首席执行官本人的每周登门拜访。罗素和产品副总裁会从她常去的食品杂货店里查找哪些东西在打折，然后根据她的喜好精心选择菜单，甚至做到从她喜爱的菜单中找出哪些东西是她经常为家人烹制的。每周，他们会亲自把一个准备好的小包裹交到顾客手中，里面包括了购物清单和相关菜谱，同时听取顾客的反馈意见，并进行相应调整。最关键的是，每周他们都会收到一张 9.95 美元的支票。

这效率也太低了！如果用传统标准衡量，这一系统太烂了，完全没有规模化，简直就是在浪费时间。首席执行官和产品副总裁不去开发业务，而是跑去解决一位顾客的问题；不是把公司推广到百万受众面前，却只伺候一个人。最差劲儿的是，他们的辛苦看上去并没有带来什么实质内容。没有产品，没有像样收入，没有菜单数据库，甚至连一个靠得住的组织架构都没有。

然而从精益创业的角度来看，他们的进展意义非凡。每过一周他们都进一步了解如何让产品成功。几周下来，他们已经准备好接待下一位顾客了。多争取一位顾客，就更容易说服下一位，因为"桌上美食"可以专攻同一家食品杂货店，了解它的货品，以及在那里购物的顾客群。每位新顾客都获得了专人上门拜访和服务的贵宾待遇。但再多了几位顾客以后，提供一对一服务的费用开支就逐渐提高了。

直到罗素和他的团队已经忙得无暇再接纳新顾客时，他们才开始进行自动化方面的投入。每次最小化可行产品的重复应用，得以让他们挤出更多一点时间，再多服务一些顾客。比如通过电邮而非登门拜访来递送菜单，不再用人工而是由软件来自动分析折扣产品清单，直至最后采取信用卡网上支付替代收取手写支票。

不久之后，他们便打造了一款实用的服务产品，起先是在奥斯汀地区，最终推广到全美范围。这一路上，产品开发团队始终着眼于把有用的功能提升扩大化，而不是想着发明一些将来才可能用得上的东西。结果，他们在开发投入中发生的浪费，远比同类企业在传统情况下浪费的少得多。

把这个案例和小企业的案例相对照十分重要。在小企业中，CEO、创始人、总裁和企业业主亲自服务顾客是极为常见的。但在贵宾式最小化可行产品的情形中，个人化服务不是产品，而是企业增长模式的一种学习认识活动。事实上，贵宾式最小化可行产品的常见结果是证明公司原本设定的增长模式无效，由此清楚表明采用其他方式的必要性。即便最初的最小化可行产品让公司赢利，也不意味着原定模式一定有效。如果没有真正可行的增长模式，很多公司见了一些蝇头小利就会沾沾自喜、故步自封，却没有意识到一次转型（改变方向或战略）也许会带来重大增长。唯一确认的方式就是在真实顾客那里系统地检测这个增长模式。

【讨论题】

1. 在创业之初的相当长时间内，罗素的公司只服务了一位顾客，公司这样做的可能原因是什么？

2. 罗素和他的团队直到忙得无暇接纳新顾客时，才开始在产品和服务的自动化方面进行投入，为什么他们不早点进行自动化方面的投入？

3. 如何理解案例中提到的"即便最初的最小化可行产品让公司赢利，也不意味着原定模式一定有效"？

第五章　整合创业资源

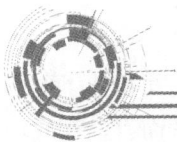

学习目标

理解商业模式内涵与逻辑

掌握商业模式设计画布方法

了解典型行业的商业模式设计趋势

理解创业计划的作用

掌握创业计划的主要内容与编写原则

了解融资难的原因

掌握创业融资的主要渠道

理解创业融资的过程、影响因素及策略

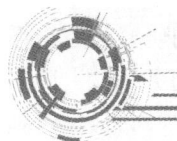

开篇案例

苹果公司的 iPod/iTunes 商业模式

2001 年，苹果公司发布了其标志性的便携式媒体播放器 iPod。这款播放器需要与 iTunes 软件结合，这样用户就可以将音乐和其他内容从 iPod 同步到电脑中。同时，iTunes 软件还提供了用户终端与苹果在线商店的无缝连接，使得用户可以从这个商店里购买和下载所需要的内容。

这种设备、软件和在线商店的完美结合，很快颠覆了音乐产业，并给苹果公司带来了市场的主导地位。然而苹果不是第一家推出便携式媒体播放器的公司，其竞争对手如帝盟多媒体公司（Diamond Multimedia）的 Rio 品牌便携式媒体播放器曾经在市场上同样成功，直到它们被苹果公司的产品超越。

苹果公司是如何实现这种优势的呢？因为它完美地构建了一个更优秀的商业模式。一方面，苹果公司通过其特殊设计的 iPod 设备、iTunes 软件和 iTunes 在线商店的结合，为用户提供了畅通无阻的音乐体验。苹果公司的价值主张就是让用户轻松地搜索、购买和享受数字音乐。另一方面，为了使这种价值主张成为可能，苹果公司不得不与所有大型唱片公司谈判，来建立世界上最大的在线音乐库。

产品成功的关键点在哪里？苹果公司通过销售 iPod 产品赚取了大量与音乐产业相关的收入，同时，利用 iPod 设备与在线商店的整合，有效地把竞争对手挡在了门外。

资料来源：亚历山大·奥斯特瓦德，伊夫·皮尼厄. 商业模式新生代[M]. 王帅，毛心宇，严威，译. 北京：机械工业出版社，2011:34.

优秀的商业模式不仅让 iPod 创造了更大的价值，而且为苹果公司构建了更为有效的竞争壁垒，进一步增强了苹果公司的竞争优势。对于创业者而言，在成功开发产品的同时，如何设计商业模式、制定创业行动方案，并为创业活动筹措足够的资金将直接影响产品的实际落地。创业者需要做好资源的筹措与整合以顺利启动创业项目。

第一节　设计商业模式

一、商业模式的内涵

从 20 世纪 90 年代以来，随着新经济的发展，有关商业模式的研究与讨论不断增加（Amit &Zott，2001）。早期的商业模式研究多集中于电子商务领域，后来逐步转向非互联网企业，例如对戴尔、施乐公司的案例研究（Zott，2011）。相对于商业实践，管理学界对于商业模式的理论研究相对滞后，对商业模式的定义也存在一定差异，见表 5-1。

表 5-1　商业模式定义

研究者（时间）	商业模式的定义或解释
Timmers（1998）	商业模式是产品、服务和信息流的一个体系架构，包括说明各种不同的参与者以及他们的角色，各种参与者的潜在利益，以及企业收入的来源。
Morris 等（2005）	商业模式是指在特定的市场中，企业战略、结构、经济等各方面相互关联的决策变量进行组合从而创造持续竞争优势的模式。商业模式可以分为经济层面、运营层面和战略层面。
Zott 和 Amit（2007、2008）	商业模式是指中心企业与顾客、合作者和供应商进行交易的结构模式以及公司与要素和产品市场跨边界链接的模式。
Chesbrough（2007、2010）	商业模式在企业发展中发挥着"价值创造"与"价值获取"两个重要功能。
Teece（2010）	商业模式是企业为客户提供价值，并将客户支付的价值转化为利润的方式。

　　虽然不同研究者对商业模式的定义存在差异，但从概念内涵来看，大多数的研究者强调了商业模式与企业价值创造活动有关，是新创企业对创业机会持续开发从而形成可操作行动方案的价值创造活动过程。在一般意义上，企业创造的价值应该包括经济价值与社会价值。但是，毫无疑问，获取经济价值是新创企业生存发展的基本前提。因此，为了简便起见，研究者同时强调经济价值对于新创企业的重要意义，本书采用美国学者马格丽特的定义，商业模式就是一个企业如何赚钱的故事。与所有经典故事一样，商业模式的有效设计和运行需要有人物、场景、动机、地点和情节。为了使商业模式的情节令人信服，人物必须被准确安排，人物的动机必须清晰，最重要的是，情节必须充分展示新产品或服务是如何为顾客带来了实惠和便利，同时又是如何为企业创造了利润的。

　　尽管创业者可能识别出极具市场潜力的创业机会，并在此基础上开发出产品原型，但是在将产品真正推向市场之前，创业者还需要想清楚如何让产品创造价值。商业模式为创业者在产品与市场之间架起了一座桥梁，通过这座桥梁，创业者可以更清晰、更全面地构建产品的价值创造活动过程。

二、商业模式的逻辑

　　如果将新创企业的商业模式视为一个价值创造的活动过程，那么这个活动过程应该包括价值发现、价值匹配以及价值获取三个基本环节，如图 5-1 所示。

| 价值发现 | ⇒ | 价值匹配 | ⇒ | 价值获取 |

图 5-1　商业模式的逻辑

资料来源：张玉利等.《创业管理》（第 4 版）

1. 价值发现：明确市场细分及用户需求

　　价值发现是新创企业价值创造的第一步，这既是创业机会识别的延伸，也是对产品开发的深入思考。对于创业者而言，有潜力的创业机会只是为创业者提供了一个前进的方向，而如何在前进的方向上有所收获，还需要进一步细分市场、明确目标用户需求。只有基于用户需求推进产品开发，才能真正吸引用户，提升用户的实际购买意愿。如果创业者忽视用户需求分析，认为"酒香不怕巷子深"、"好产品不愁没人买"，那么这种简单的产品思维往往会给新创企业的市场开发带来困难。

2. 价值匹配：明确合作伙伴及运营模式

　　对于大多数新创企业而言，如果寄希望于仅凭借自身力量满足目标顾客的需要，这无疑是困难的。一方面原因，新创企业难以拥有满足目标顾客需要的全部资源与能力；另一方面原因，即使新创企业具备满足目标顾客需要的全部资源与能力，但这种基于一家企业之力的活动将面临巨大的成本及风险压力。因此，为了更好地满足目标顾客的需要，新创企业需要明确自身的资源与能力优势，并在此基础上，根据企业运营活动的需要来选择恰当的合作伙伴，构建互利共赢的合作关系，以推动企业经营活动的开展。在实践中，新创企业可以采用价值链分析的方法系统地思考企业价值创造的全过程（见图 5-2），通过分析企业在价值链中的位置、明确企业与合作伙伴的价值分配关系，从而设计出恰当的企业运营模式。

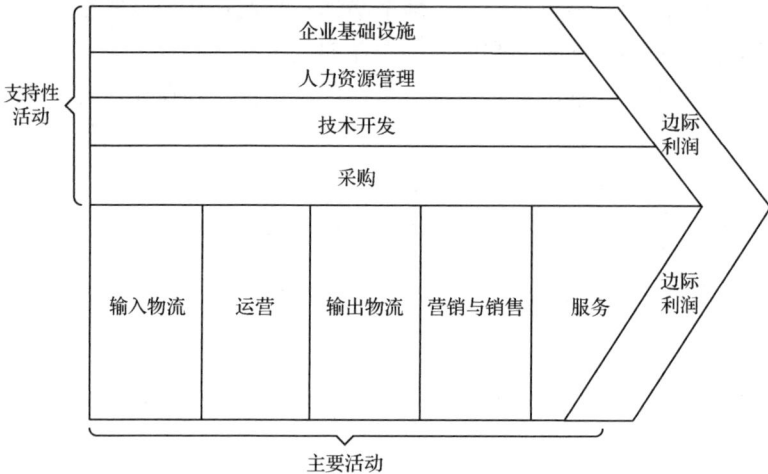

图 5-2　价值链分析图

3. 价值获取：明确获取形式及获取途径

获取新技术或新产品所创造的价值是新创企业生存发展的关键。但在企业经营实践中，许多新创企业虽然是新技术或新产品的开拓者，却不是创新利益的占有者。如果新创企业无法解决价值获取问题，企业将难以获得持续发展所必需的资源。

在设计价值获取策略方面，新创企业首先要权衡获取价值的形式。在价值形态方面，经济价值是企业持续发展的基础与动力，社会价值是企业获得合法性的重要影响因素，因此，新创企业在价值获取上要注重经济价值与社会价值的平衡。特别是在创业起步时期，首先要注意不能只顾经济价值而忽视社会价值；其次要注重创新价值获取路径。相对于成熟企业，新创企业的成长面临着极大的不确定性，因此，尽快实现盈亏平衡并取得盈利，对于实现企业的成长具有重要意义。新创企业需要创新价值获取途径，充分挖掘新技术或新产品的价值潜力，快速获取尽可能多的创新价值，否则企业发展将难以为继。

三、商业模式设计

对商业模式价值创造过程的分析展示了商业模式形成的基本框架，但是创业者如何设计和开发商业模式则需进一步分析商业模式的构成要素以及构成要素之间的内在联系。奥斯特瓦德与皮尼厄将商业模式分为 9 个关键要素（见图 5-3）：客户细分、价值主张、渠道通路、客户关系、核心资源、关键业务、重要伙伴、成本结构以及收入来源，并提出使用商业模式画布来分析设计商业模式的方法。下面依次说明商业模式画布的 9 个要素。

图 5-3　商业模式画布图

资料来源：亚历山大·奥斯特瓦德，伊夫·皮尼厄. 商业模式新生代[M]. 王帅，毛心宇，严威，译. 北京：机械工业出版社，2011：34.

1. 客户细分

客户细分主要用来描述企业希望接触和服务的人群或组织。创业者在客户细分方面需要思考以下两个问题：

➢ 我们正在为谁创造价值？

➢ 谁是我们最重要的客户？

一般而言，创业者可以将客户细分为 5 种类型群体：大众市场的价值主张、渠道通路和客户关系全部都聚焦于一个客户群体，群体内的客户具有大致相同的需求和问题；利基市场的价值主张、渠道通路和客户关系主要针对某一利基市场的特定需求定制；区隔化市场的客户需求略有不同，不同细分群体之间的市场区隔有所不同，所提供的价值主张也略有不同；多元化市场的经营业务具有多样化的特征，以完全不同的价值主张来迎合完全不同需求的客户细分群体；多边平台或多边市场则服务于两个或更多的相互依存的客户细分群体。

2. 价值主张

价值主张主要用来描述企业为细分客户创造价值的系列产品和服务。从创业者的角度，价值主张强调的是创业者能够为顾客带来什么好处及收益，而从顾客的角度，价值主张对应着顾客选择产品和服务的理由。创业者在价值主张方面需要思考以下问题：

➢ 我们应该向客户传递什么价值？

➢ 我们正在帮助客户解决哪一类难题？

➢ 我们正在满足那些顾客需求？

➢ 我们正在提供给客户细分群体哪些系列产品和服务？

创业者可以关注的价值主张和主题包括：新颖性，产品或服务满足客户从未感受和体验过的全新需求；性能，改善产品和服务性能是创造价值的常见方法；定制化：以满足个别客户或者客户细分群体的特定需求从而创造价值；把事情做好：通过帮助客户把某些事情做好而创造价值；设计感，产品因优秀的设计脱颖而出；品牌或身份地位：客户可以通过使用和显示某一特定品牌而发现价值；价格，以更低的价格提供同质化的价值，满足价格敏感客户细分群体；成本削减，帮助客户降低成本；风险抑制，帮助客户抑制风险；可达性，将产品或服务提供给以前未曾接触的客户；便利性或可用性，使事情变得更方便或易于使用。

3. 渠道通路

渠道通路主要阐述企业是如何与细分客户沟通接触并传递价值主张的。渠道通路是企业与客户的接触点，在客户体验中扮演着重要角色。创业者在渠道通路方面需要思考如下问题：

➢ 通过哪些渠道可以接触我们的细分客户？

➢ 我们如何接触细分客户？我们的渠道应该如何整合？

➢ 哪些渠道最有效？

➢ 哪些渠道的成本效益最好？

➢ 如何把我们的渠道与客户的例行程序进行整合？

企业可以选择通过自有渠道、合作伙伴渠道或者以上两者的混合来接触客户。其中，自有渠道包括自建销售队伍、在线销售等。合作伙伴渠道包括合作伙伴店铺、批发商等。企业可以通过不同渠道之间的整合与平衡来提升客户体验。

4. 客户关系

客户关系主要描述企业与细分客户之间建立的关系类型。创业者在客户关系方面需要思考如下问题：

➢ 客户细分群体希望与我们建立并保持何种关系？

➢ 我们已经建立了哪些关系？

➢ 建立并保持这些关系所需要的成本如何？

➢ 如何把客户关系与商业模式的其余部分进行整合？

常见的客户关系包括 6 种形式：

个人助理：基于人与人之间的互动，可以通过呼叫中心、电子邮件或其他销售方式等个人自助手段进行；

自助服务：为客户提供自助服务所需要的所有条件；

专用个人助理：为单一客户安排专门的客户代表（通常是向高净值个人客户提供服务）；

自助化服务：整合更加精细的自动化过程，可以识别不同客户及其特点，并提供与客户订单或其他交易相关的服务；

社区：利用用户所在的社区与客户或潜在客户建立更为深入的联系（例如在线社区）；

共同创作：与客户共同创造价值，鼓励客户参与产品设计和创作。

5. 核心资源

核心资源主要说明企业让商业模式实现有效运转所必需的最重要的因素。创业者在核心资源方面需要思考以下问题：

➢ 我们的价值主张需要什么样的核心资源？

➢ 我们的渠道通路需要什么样的核心资源？

➢ 我们的客户关系需要什么样的核心资源？

➢ 我们的伙伴关系需要什么样的核心资源？

➢ 我们的收入来源需要什么样的核心资源？

核心资源主要包括 4 种形式：实体资产：包括生产设施、不动产、系统、销售网点和分销网络等；知识资源：包括品牌、专有知识、专利和版权、合作关系和客户数据库；人力资源：在知识密集产业和创意产业中，人力资源至关重要；金融资产：金融资源或财务担保（例如现金、信贷额度或股票期权池）。

6. 关键业务

关键业务主要说明企业为了确保商业模式可行所必须做的重要工作。创业者在关键业务方面需要思考以下问题：

➢ 我们的价值主张需要哪些关键业务？

➢ 我们的渠道通路需要哪些关键业务？

➢ 我们的客户关系需要哪些关键业务？

> 我们的收入来源需要哪些关键业务？

一般而言，企业的关键业务可以分为三种类型：制造产品：与设计、制造及交付产品有关，是企业商业模式的核心；平台或网络：网络服务、交易平台、软件甚至品牌都可以视为平台，主要与平台管理、服务提供及平台推广有关；问题解决：为客户提供新的解决问题的方法，这就需要具有知识管理和持续培训等业务。

7. 重要伙伴

重要伙伴这一概念旨在说明商业模式有效运行下所需要的供应商及合作伙伴网络。创业者在重要伙伴方面需要思考以下问题：

> 谁是我们的重要伙伴？
> 谁是我们的重要供应商？
> 我们正在从伙伴那里获得哪些核心资源？
> 合作伙伴都执行哪些关键业务？

一般而言，重要合作可以分为4种类型：竞争者之间的战略合作关系；非竞争者之间的战略联盟关系；为开发新业务而构建的合资关系；为确保可靠供应的购买方—供应商关系。

8. 成本结构

成本结构主要说明在企业商业模式运转过程中所引发的全部成本。创业者在成本结构方面需要思考以下问题：

> 什么是我们商业模式中最重要的固有成本？
> 哪些核心资源的花费最多？
> 哪些关键业务的花费最多？

企业的成本结构可以分为成本驱动与价值驱动两类。成本驱动强调创造并维持最经济的成本结构，在企业生产经营的各个环节都尽可能地降低成本。价值驱动强调专注于创造价值，不太关注特定商业模式设计对成本的影响。创业者在分析成本结构时应考虑固定成本、变动成本、规模经济以及范围经济等因素的影响。

9. 收入来源

收入来源主要描绘企业从每个客户群体中获取的现金收入（需要从收入中扣除成本）状况。创业者在收入来源方面需要思考以下问题：

> 什么样的价值能让客户愿意付费？
> 他们现在付费买什么？
> 他们是如何支付费用的？

> 他们更愿意如何支付费用？

> 每个收入来源占总收入的比例是多少？

一般而言，收入来源包括 7 种类型：

> 资产销售：销售实体产品的所有权；

> 使用收费：通过提供特定的服务收费；

> 订阅收费：销售重复使用的服务；

> 租赁收费：暂时性排他使用权的授权；

> 授权收费：知识产权授权使用；

> 中介收费：提供中介服务收取佣金；

> 广告收费：提供广告宣传服务收费。

商业模式画布为创业者设计开发商业模式提供了一个直观、清晰的分析框架，创业者可以基于创业机会、产品或服务的特点，个人的兴趣与逻辑设计独特、全新的商业模式。

需要注意的是，尽管创新性的商业模式能够为新创企业带来竞争优势，但是如果只注重商业模式的创新而忽视对产品或服务的打磨，企业的竞争优势是难以持续的。此外，新创企业所处的环境与新创企业自身都在不断变化，因此创业者需要根据环境和企业的变化不断探索并改进自身的商业模式。

四、商业模式创新

管理学者彼得·德鲁克说："当今企业之间的竞争，不是产品之间的竞争，而是商业模式之间的竞争。"在过去的 20 年中，很多创业企业在高度不确定性的环境中和资源约束下凭借商业模式的创新实现了快速成长，甚至颠覆了产业竞争格局。以互联网和信息技术为代表的技术变革在各个行业中都出现了一些值得关注的商业模式设计新趋势。

1. 制造业：从产品主导到服务主导

随着服务在价值创造过程中的作用不断加强，制造业的商业模式正在经历从产品主导型、服务增值型到服务主导型的转变。

（1）产品主导阶段

在产品主导型阶段，顾客需求主要表现为功能型需求，此阶段的需求缺乏多样性。生产制造是企业价值增值的主要环节。企业经营的重点在于整合内部资源、提高生产效率、降低生产成本，通过扩大产量，使企业在市场交易中获取价值。企业创新的资源主要来源于技术创新。企业通过技术创新提高产品性能或降低产品成本。

（2）服务增值阶段

随着生产力的提高和消费水平的提升，产品供给由稀缺向过剩转变，顾客价值主张由功能型向情感型转变，表现为开始关注产品购买和使用过程中的个性化特征以及使用体验。面对竞争及消费者需求的变化，制造企业开始将服务作为新的价值增值点，导致商业模式向服务增值型转变。企业除了提供产品外，还提供与产品相关的服务为产品增值。例如个性化设计、送货上门、产品安装、产品回收、维修保养等。服务的增加使得制造业的价值链得以延伸，产业链的整体价值空间得以拓展。

（3）服务主导阶段

随着制造业与服务业的深度融合，服务不只是产品的附属，而且逐渐成为制造业价值链上主要的价值创造环节，制造业的商业模式开始转向以服务为主导的商业模式。在服务主导的商业模式下，顾客的价值主张以情感型价值主张为主，开始更关注产品的个性化特征和自己的参与体验。在此价值主张下，企业提供产品服务包甚至是整体解决方案。产品的核心价值已不再是产品本身而是与之相关的服务，产品成为传递服务的载体。由于服务具有生产与消费的同时性，加之创造需要企业与顾客的持续互动和共同创造，企业的价值获取并不限于实体产品交易，而是更多的以实体产品为载体的虚拟产品（服务）的交易平台化。

2. 零售业：科技推动数字化转型

为了更好地连接、洞察并服务消费者，近年来零售业在渠道整合、服务模式创新及价值链优化等方面做出了大量探索。经过研究发现，零售业的创新与转型具有相同路径，即重视企业的科技、数据和分析能力。德勤公司的报告指出，由于科技和分析能力的进步，在赋予零售业的参与者有更多与消费者互动的机会与手段的同时，让这些参与者拥有了更多的选择进行价值链重塑。云计算、大数据、物联网、人工智能等技术与零售业在经营的不同环节进行深度融合，正在催生出越来越多的具有实用性和针对性的零售科技，并使得零售业的数字化转型向更加智能化、普及化和深度一体化的方向发展。科技对零售业的重塑正呈现出六大主要变革趋势：

全面数据化。数据是未来零售业中的核心资源之一，对于数据的掌握和使用不仅能够帮助企业更好地了解消费者需求，同时也能够优化整个企业价值链。以云计算、物联网、大数据等为代表的科技进步使得零售的各个环节能够被更大程度地数据化，让数据的产生、收集、存储、流转、计算、分析等多个维度的能力都得到提升，并使得整个行业向着全面数据化的方向发展。

智能普惠化。在数据体系的完善和算法的发展下，与人工智能相关的科技在零售行业中的应用逐渐增多，在线下门店数字化和线上的消费者服务方面都涌现出大量应用和解决方案。而运营端同样有大量的应用，如智慧物流、智能仓储等。科技和算法的持续进步将在未来进一步推动零售行业的智能化，使得智能化应用渗透到企业各个环节。

深度一体化。消费需求和场景的复杂性、运营管理的精细化和高效化需求，使得多种技术正在进行深度的协同和融合，来针对性的满足特定应用场景的需求，未来，更多具有实用性的集成技术解决方案将出现，并且将广泛地赋能于整个零售行业。

应用普及化。由于科技的持续进步以及科技应用的成熟度逐渐提升，使得技术适用的场景更加多元，更多的市场参与者将能够从科技进步中受益，人、货、场都因技术而被重塑，比如，由于技术的普及，消费者将有机会参与到商品制造的环节之中。

促进降本增效。新兴科技，如云计算本身，其核心是以租代购、按需使用、按量计费，其计算能力和计算设备被作为"公共基础设施"，因此，市场参与者能够借助云计算的相关技术，以实现低成本、快速地获得数据的能力，成本、时间、人力的节约也带来了效率的提升。人工智能等新科技同样能够帮助零售行业实现效率提升和成本节约。

加速融合创新。科技进步对行业的影响不仅局限于对企业赋能，同时也正在对资源的利用和经营进行重构，在线上线下的持续深度融合中，科技进步是重要的推手；与此同时，科技的进步也为企业组织结构的转型提供了支撑，彼此割裂的架构得以在新技术的基础上以消费者为中心进行重塑。

在本质上，新颖而富有创意的商业模式经常是晦涩难懂的。面对这些陌生模式，听众们很有可能会产生本能的抵触。所以，能够把新的商业模式呈现出来，而又不招致抵触情绪，这让呈现的方法变得至关重要。就像商业模式画布能帮助你描绘和分析新商业模式一样，讲故事能帮助你有效地表达新的商业模式和理念。一个好的故事能够引起听众的兴趣，所以讲故事是一种理想的工具，能够为我们深入讨论商业模式及其内在的逻辑预热。讲故事实际是利用了商业模式画布的说明能力，来打消我们对未知事物的疑虑。

第二节　制订创业计划

凡事预则立，不预则废。在确立创业目标后，创业者应该对未来的创业活动进行预先的筹划、安排，这样才能顺利、高效地推进创业活动。创业计划是对创办企业进行的预先筹划，旨在说明新创企业的现状、预期需求和预期结果。创业计划书是一份详细说明创业计划的书面文件。

一、创业计划的作用

撰写创业计划的作用主要体现在两个方面：理清思路和募集资金。

首先，创业计划通过设计和规划未来的战略和经营路线，可以帮助创业者理清创业思路、为创业企业未来的经营指明方向。制定创业计划迫使创业者再一次审视其创业想法的现实性：企业是否真的有利可图？正如一位风险投资家说："如果你想踏踏实实地做一份工作的话，写一份创业计划书能让你进行系统地思考。有些创意可能听起来很不错，但是，当你把所有的细节和数据写下来的时候，自己就首先崩溃了。"通过认真做好一份创业计划书，从市场、资源、团队、产品、营销、财务等方面对创业活动进行理性分析，可以系统地梳理创业者的思路，让创业者认清机会的潜在价值，坚定创业者的创业决心。而且，在极为关键但是又相对混乱、充满风险的初创阶段，制定一份前景诱人、思路清晰的创业计划可以帮助创业者和企业员工明确前进的方向和路径。

其次，创业计划可以为投资者的投资决策提供借鉴。大多数创业者都需要外部融资，但是由于不确定性和信息不对称，银行和其他金融机构通常不会向缺少详细创业计划的创业者提供融资。一份完整的创业计划书为创业者提供了一个与外部投资者沟通的工具。外部投资者只有在对创业机会的价值、创业团队的合作能力和支撑企业运行的资源状况有全面了解的基础上才会做出投资决策。有时候，即使是面对家人，一份书面的创业计划书也比口头沟通更有效。

准备一份有效的创业计划往往需要花费 200～300 个小时。如果把工作滞留在晚上和周末完成，这一过程将持续 3～12 个月。而且由于新创企业自身发展及其所在环境的固有特点，创业者将难以精准估量新创企业的具体发展路径，所以在大多数情况下，创业计划的制定只是一个简单起步、边试边做、不断完善的过程：即创业者应该先制定一个基本的、简单的创业计划，明确创业目标和前提，在此基础上再创办新企业，在新企业的运转过程中，根据新企业的实践情况，不断修正和完善创业计划，以指导企业持续发展并争取外部融资，如图 5-2 所示。

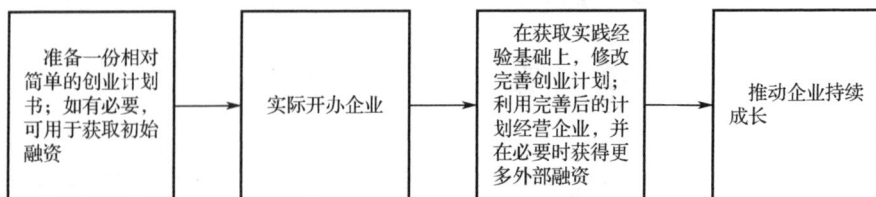

图 5-4　创业计划开发动态过程图

资料来源：张玉利，薛红志，陈寒松：《创业管理》，第 3 版，174 页，北京，机械工业出版社，2013。

二、创业计划的基本结构

鉴于创业计划的重要作用,创业者在制定创业计划时无论在形式还是内容上,都应做到非常专业并力求完善。

一份完整的创业计划应该包括封面、目录、实施概要、创业各主要部分、附录等部分,并按照如下顺序及格式进行编排:

> 封面(包括公司名称、地址、主要联系人及联系方式等);

> 目录(列出创业计划的各个主要部分);

> 实施概要(简要说明创业计划主要内容);

> 创业计划核心内容(对于产品/服务的具体阐述);

> 附录(创业计划的支撑性资料,如详细的财务计划、公司创始人和核心员工的完整简历)。

具体而言,实施概要是对创业计划内容的简要总结。实施概要的目的是促使读者阅读更多的信息,因此应富有趣味,并且要适当强调创业计划中较为重要的内容。例如,企业的独特之处、主要使命、营销方案以及预期的结果等。创业计划的核心内容主要是对产品或服务的具体阐述,下文会进一步介绍。而不适合放入创业计划书正文部分的其他所有材料都应该放在附录中。例如高管团队简历、产品或服务的图示或照片、具体财务数据以及市场调研结果等。此外,创业者还可以列出相应的参考文献。

很多创业者都希望在创业计划中充分地展示自身的创业行动方案,但是,这样的做法很可能是一种误区。很多风险投资家坦言,他们更喜欢简洁风格的创业计划,他们根本没时间读那些动辄上百页的长篇大论,除了前几页纸外,剩下的篇幅其实都没有太多意义。创业计划应该清晰、简练地提供有关新企业各关键部分的信息。换句话说,它既要有一定的篇幅以确保提供充分的信息,同时,又要避免冗长以便吸引读者。《100美元创业》一书的作者克里斯指出"创业计划应该专注于几个简单而基本的问题。第一,提供什么产品或服务?第二,谁会来买?第三,如何盈利?"。《一页纸的商业计划》作者赖利甚至认为,说服一个人不需要什么喋喋不休的承诺和誓言,只要拿出一张一页纸的计划书,给他看看整个逻辑链条、可行性、财务基础以及种种美好的前景就可以高效地实现目的。当然,大多数的创业者都不会根据一页纸的创业计划来创业,同样大多数的风险投资家也不会仅凭一页纸就做出投资决策,但是化繁就简、快速行动无疑是非常重要的,创业者不能因耽于分析而徘徊不前,因为无论最初怎么写,随着业务的增长,你一定会有能力、有动力不断地增加创业计划的内容。

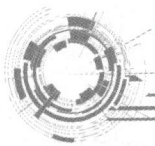

创新创业·新知

一页纸的创业计划包含哪些元素

首先，简要介绍公司的经营理念和目标客户群。

其次，回答如下问题：

➢ 目前市场和所在行业的情况如何？为什么对你的产品或服务有需求？

➢ 盈利方式和定价策略如何确定？

➢ 通过什么方式占领市场？

➢ 是否会有资金需求？需要多少资金？

➢ 在未来半年到一年内，打算如何利用这笔资金来发展自己的经营理念？

三、创业计划的核心内容

对创业产品（服务）的阐述是创业计划的核心内容，在这部分内容中，创业者应该有效地回答"是什么""为什么""怎么做"这三个基本问题，即要开发经营的产品（服务）是什么？为什么要选择开发经营这一产品（服务）、产品优势在哪里？开发经营这一产品（服务）的具体策略是什么？尽管每个创业者的产品（服务）都存在一定差异，对于"是什么""为什么""怎么做"这三个基本问题的回答也会不尽相同，但是创业计划的核心内容一般应包括如下九个部分。

1. 企业描述

企业描述是对企业及其使命的全面阐述。企业描述应该包括三部分内容：首先需要对企业的历史以及企业所处行业进行简要介绍，其次是陈述企业产品/服务的独特价值，最后应明确提出企业的总体目标和阶段性目标。

2. 市场营销

市场营销包括两方面内容。首先是对目标市场的研究和分析，包括顾客群体、市场规模和趋势、预估的市场份额等。此部分还应对竞争对手进行详细分析。其次是市场营销计划，包括市场营销战略以及产品具体的价格、渠道、促销实施方案等。市场营销计划是创业计划中最为重要的内容之一。

3. 研究、设计和开发

这部分内容包括有关产品（服务）的设计、开发的可行性研究，创业者应该评估技术研究的成果并且确定新设计的产品（服务）的成本结构。

4. 运营管理

运营管理主要分析企业如何运作以及产品（服务）如何生产。创业者应该说明创建一家新企业所需要的设施（工厂、仓库和办公场地等）和需要购置的设备（机器、计算机和车辆等），并且简要描述如何获得这些设施和设备。同时，这部分内容还应分析企业的地理位置，包括企业与供应商的距离、运输的便利性及劳动力的供给等因素。

5. 管理团队

为了创业成功，创业者需要吸引优秀的管理人员组成创业企业管理团队。管理团队包括企业的创建者和关键管理人员，创业计划书应提供每个管理团队中成员的个人简介。如果创业企业设有董事会或顾问委员会，创业计划书还应说明董事或顾问的任职资格与作用。在这部分内容中最好还要加入一份组织结构图以说明创业企业内的职权与责任是如何分配的。

6. 重大风险

创业者应该在创业计划书中对创业过程中可能出现的风险进行预测和分析。风险分析不仅可以帮助创业者认清创业过程中可能出现的困难和障碍，而且有助于增强投资者的信心。承认危险是解决问题的第一步！

7. 财务预算

财务预算是用财务数据对创业计划进行的说明。财务预算提供了有关企业当前的财务状况、企业如何筹措资金、如何使用资金以达到主要目标等方面的规划蓝图。编制预计财务报表是财务预算的主要工作之一。预计财务报表包括预计损益表、预计现金流量表和预计资产负债表。一般而言，创业者应该准备3~5年的预计财务报表。此外，创业者在财务预算部分还应该对创业企业进行盈亏平衡分析，检验企业为补偿所有成本所需要的销售（和生产）水平。

8. 收获战略

这部分内容说明了创业者如何从企业成功中受益。收获战略包括出售企业、让企业发行股票上市或者与另一家企业合并。

9. 时间表和里程碑

创业者需要设定企业发展的阶段性目标并确定实现目标的期限，而且还要在企业的运营过程中监督目标的实现情况。这些阶段性目标之间相互关联，共同构成了一个贯穿于创业企业发展过程中的目标网络。从投资者的角度看，这部分内容显示创业者的确认真分析了企业运营，而且已经为企业的未来发展制定了清晰的规划。

创业计划的制定应该基于详细和真实的调查。对于没有准备创业计划经验的创业者而言，向有经验的人请教是一个好的方法，但切记不要让别人替你完成创业计划书。因为准备创业计划的真正价值并不在于计划书本身，关键是通过制定计划书的过程让创业者对掌握的资料进行客观而严格的评估。创业计划书正是通过教育创业者正确行事而降低了企业创办过程中的风险和不确定性。

四、创业计划的编写

1. 创业计划编写过程

创业计划的编写始于创业者的个人目标和企业使命，在深入分析新创企业所生产产品（服务）的基础上，讨论企业面对的内外部环境（优势、劣势、机会和威胁），进而提出具体的商业模式和执行战略（见图 5-5）。

2. 创业计划编写原则

（1）针对性。创业者在编写创业计划时应该考虑创业计划的主要读者对象，是提供给创业团队成员用于分析指导实际的创业行动，还是要提供给风险投资家以吸引外部资金。

创业者应该根据不同读者需求的特征组织创业计划内容、结构形式。如果创业计划的主要读者是风险投资家，那么就应该考虑到风险投资家具有经验丰富、时间紧张的特点，尽量让创业计划在一开始就能够吸引住他们。对于创业者而言，这意味着一定要把摘要写好，在摘要中就简明巧妙地说明企业的价值（解决了什么重要问题）以及企业为什么会成功（企业的竞争优势是什么）。要重点打磨风险投资者家关注的内容，如图 5-5 所示。

（2）科学性。创业计划的编写要讲求科学性，应展示出严密的逻辑、规范的分析和翔实的论据。创业者的行文一定要言之有理、言之有据，要使用科学、严谨的表述来说明技术的先进性和实用性，要根据真实的市场去调研并预测产品未来的市场前景。当然，在突出创业计划的科学性的同时，创业者也应避免使用过于技术化的语言去描述产品或生产运营的过程，应尽可能使用通俗易懂的语言让读者容易理解和接受。

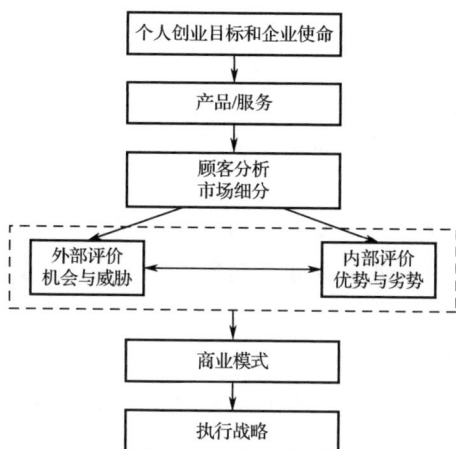

图 5-5　创业计划编写过程图

（3）真实性。创业计划的真实性是指创业计划应该建立在对实际情况的客观分析、理性预期的基础上。创业计划的所有数据信息都应该提供信息来源，而且应尽可能地使用近期信息。创业者在分析市场、介绍团队、预测财务等情况时应该实事求是、用词准确，不能简单随意、过分夸大，更不应提供虚假的数据和不真实的材料。

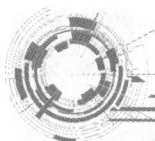

创新创业·新知

打造成功创业计划的 10 个要素

（1）确定公司要满足的市场需求

确定你的公司可以满足哪些需求（或者可以解决哪些问题）。如果你不确定，那么在创建公司之前你需要好好考虑这一问题。

（2）清楚描述公司将如何满足这些需求

这里可以讲出公司的使命宣言。为了填补市场空白，你的公司将采取什么行动，将其一条条地列出来，其他公司可能也正在着眼于相同的市场，你的公司如何做得比他们更好？

（3）认识到公司的独特之处

阐述一个商业模式，详细说明你公司的优势，并证明你的公司能生存下去。

仔细检查你的商业模式的优点和缺点，以及……让自己的特长脱颖而出，提高获得融资的可能性。

（4）确定你的股权关系

确定你的管理团队、董事会和顾问成员，并且包括对他们权益的详细说明。

（5）了解你的市场规模

分析你面对的市场条件：市场有多大、会增长到多少、增长速度如何、潜在的利润是什么。

（6）弄清楚谁组成了你的目标市场

一定要针对你的目标用户做出营销策略。如果做不到这一点，你就是在浪费时间、精力和金钱。

（7）设计理想的营销策略

如何实现市场目标。通过哪些理想的媒体渠道，向客户推广；客户可以从哪里获取关于公司的产品和服务的信息。

（8）分解收益

做真实的收入预测实际上对你没有好处（因为它往往不符合预期），但知道你的收益将由哪几部分组成是有价值的。

（9）预算：需要多少钱才可以启动公司并保持运行

让你的创意从概念进入实践阶段的资金通常来自个人、家庭和朋友。无论是谁为你提供资金，他们都会想看到一份可靠的创业计划。

（10）创建一个收支平衡计划

一定要创建一些不同的经营场景并且制定相应的销售计划，为各项费用的支付和日后的盈利所需做好准备。如果可能的话，在公司成立的头两年，逐月分解公司的收支平衡表。为积极和消极的突发事件建立不同的应急计划。如果遇到大麻烦但没有计划，你的事业就可能失败；如果看到了意想不到的成功，你的目标预期也会跟着显著提高。

第三节　开展创业融资

新创企业的成长离不开相应的资源投入，创业者需要通过有效地整合内外部资源为企业的成长提供充足动力。《2017 年中国互联网创业群体调查报告》中指出，创业者面临的最大困难来自于"人"和"钱"。本书的第二章从团队组建的角度分析了如何解决新创企业的"人"的问题，本节则主要围绕资金的获取问题来阐述如何解决新创企业的"钱"的问题。

一、"融资难"现象分析

根据调查研究表明，资金紧张、难以从正式融资渠道获得资金是创业者面临的普遍问题。在金融市场尚未发展成熟和资本有限的新兴市场或国家中，创业者面临的状况更为艰难。在一项对肯尼亚创业者的研究中发现，96%的肯尼亚创业者从未申请过银行贷款。全国工商联在2008年的一份调查报告中显示：90%的小微创业公司从未向正规金融机构（包括商业银行、邮政储蓄、信用社、政府及非政府组织）申请过贷款，35%的企业通过非正式途径达到融资目的。

为什么创业者需要钱，却又借不到钱？一般认为，创业"融资难"与创业活动自身的特性有关，新创企业成长的高度不确定性、投融资双方信息不对称、投资成本高等因素显著制约着投资人对于新创企业的投资意愿。

1. 不确定性

新创企业的成长面临着高度的不确定性。由于新创企业缺少市场经验及企业管理经验，企业发展所需的资源能力也相对匮乏，所以相对于成熟企业，在面对企业发展的新情况、新问题时，新创企业更容易陷入困境，更难以抵抗风险。当前中国的市场环境变化较快，新创企业面临着较大的外部风险。另一方面，由于中国创新创业教育的滞后，创业者的创新创业能力不高、企业管理能力较弱，这进一步加大了中国新创企业成长的不确定性。据统计，我国新创企业的失败率在70%左右。新创企业的高失败率也进一步导致了创业融资难度的增加。

2. 信息不对称

市场经济活动的参与各方对信息的掌握与了解存在差异。掌握信息较为充分的参与方往往处于较为有利的地位，而信息匮乏的参与方则多处于不利地位。一般而言，新创企业成立时间较短，企业不仅规模小、缺乏可供参考的经营记录，而且在市场中也尚未建立品牌声誉，市场知名度不高。尽管创业者对于企业自身的产品、管理团队及市场前景具有充分理解，但是投资人所能获得的企业信息有限，投资人与创业者之间存在信息不对称的现象。而且由于知识能力的差异，投资人并不一定能够理解新创企业产品的创新性及市场应用前景，这将加深投融资双方的信息不对称程度。投融资过程中的信息不对称不仅会降低投资人的投资意愿，而且会导致其逆向选择。由于投资人只能根据有限的信息进行判断，一些数据和材料包装漂亮但技术存在缺陷、经营管理不善的新创企业可能会获得投资，而真正技术领先、市场前景好的新创企业反而可能会因为缺乏包装或沟通得不到投资。

3. 投资成本高

任何投资活动都存在着资金成本、管理成本、信用风险成本、执行成本、机会成本等成本费用。由于企业所处的发展阶段不同，新创企业的融资规模往往小于成熟企业或者大企业。但是对于投资人而言，开展一次投资活动的成本相差不大，因此新创企业的投资成本显著高于成熟企业或者大企业。据调查，对中小企业贷款的管理成本平均为大企业的 5 倍左右。此外，新创企业缺少具有抵押价值的资产，一旦企业出现经营风险，投资人缺乏资金回收的方法，这也降低了投资人的投资意愿。

创业活动的特殊性使得"融资难"成为新创企业面临的普遍问题。面对"融资难"问题，新创企业并不能简单地放弃融资需求，完全依靠自身滚动发展。要实现企业快速发展，充足的外部资金投入必不可少。如果能够理解不同融资渠道的特点与融资条件的要求，找准合适的融资渠道，新创企业将会发现，获得资金并不是一件难事。

二、融资渠道

对于创业者而言，所有可以获得资金的途径都可以成为创业资金的来源。创业者需要集思广益、广泛收集信息，挖掘一切可能的融资渠道。

为了更清晰地理解不同融资渠道的特点与差异，本书按照融资对象、资金来源、性质以及是否处于监管机构监管范围等标准对创业融资渠道进行分类。

1. 私人资本融资、机构融资与政府背景融资

按照融资对象不同，创业融资渠道可以分为私人资本融资、机构融资与政府背景融资。

（1）私人资本融资

私人资本融资的融资对象主要是个体投资者，包括创业者本人、亲朋好友以及天使投资者等。受不确定性、信息不对称等因素的影响，新创企业难以通过传统的融资方式（如银行贷款、发行债券等）获得资金，所以私人资本融资成为创业融资的主要组成部分。根据世界银行所属国际金融公司（IFC）对北京、成都、顺德、温州 4 个地区的民营企业的调查显示，我国民营中小企业在初创阶段几乎完全依靠自筹资金，90%以上的初始资金都是由主要的业主、创业团队成员及家庭提供的，而银行、其他金融机构贷款所占比重很小。

➢ 自我融资

投入自己的钱作为创业启动资金是创业者常见的做法。一方面，在创业起步

阶段，创业者既无品牌也无市场，甚至连产品都可能只是一个粗糙的构想，这时要获得外部资金非常困难，除了投资自有资金外，创业者往往别无选择。另一方面，自我融资是一种有效的承诺。只有对创业项目有信心，创业者才会投入自有资金。而且投入自有资金实际是向外界传递了一个积极信号，可以降低信息不对称的负面作用，增强外部投资人的信心。此外，为自己看好的创业项目提供力所能及的资金支持，一旦创业成功，将为创业者带来极大的创业回报。当然，对于大多数创业者而言，自有资金是十分有限的，自我融资虽然可以让创业者的创意落地，但它不是解决新创企业融资问题的根本性方案。

> 亲朋好友融资

家庭在创业活动中具有重要作用，对于包括创业融资在内的许多创业活动都会产生影响。特别是在中国，以家庭为中心形成的血缘、亲缘、乡缘、学缘、友缘等亲疏有别的差序格局是中国传统社会的重要特征。由于具有相同或相近的成长经历，彼此相互熟悉，相对于其他融资方式，向家庭成员和亲朋好友融资有助于降低信息不对称问题，可以在短时间内获得更多的资金。但是与所有融资渠道一样，向亲朋好友融资也有不利的方面。由于信任、面子等原因，亲朋好友融资往往缺少正式的契约，对于融资双方权责、风险、资金偿付等具体融资事项也往往未做出明确约定，这对后续可能出现的纠纷埋下了隐患。因此，制定一份规范的融资协议既有助于避免日后的纠纷也有利于维护亲朋好友间的长期关系。

> 天使投资

天使投资（Angel Investment）是自由投资者或者非正式机构对有创意的创业项目或者小型新创企业进行的一次性前期投资，是一种非组织化的创业投资形式。一般认为，天使投资起源于美国纽约的百老汇演出，原指富有的个人出资帮助一些具有社会意义的文艺演出，后来被运用到经济领域。20 世纪 80 年代，美国著名天使投资研究基地——新罕布尔什大学风险投资中心首先使用"天使"来形容此类投资者。

天使投资人主要由两类人构成：一是创业成功者，二是企业高管或高校科研机构的专业人士。这些人既有富余资金也有专业知识或管理经验。天使投资人不仅在自己熟悉或感兴趣的行业进行投资，而且希望以自己的资金和经验帮助具有创业精神和创业能力的志同道合者创业，以延续或完成其创业梦想。据统计，2014年美国活跃的天使投资人共有 31.66 万人，平均单笔投资金额为 32.83 万美元，全年天使投资总额为 241 亿美元。天使投资平均持有的股权占企业股本的 12.5%，企业持股前价值评估均值在 280 万美元左右。由天使投资所带来的新增就业岗位约为 26.4 万个，平均每个天使投资项目创造了 3.6 个工作岗位。

作为一种个人投资行为，天使投资具有以下几个方面的特征：一是直接向企业进行权益投资。二是投资期偏早、投资规模小。由于是利用个人资金，难以支持较大规模的资金需要，天使投资主要提供"首轮"、一次性小额投资，相对青睐处于概念期或者起步阶段的创业活动。在美国，80%的天使投资处于项目早前期，以首轮投资为主。三是带有一定的感情色彩。天使投资人投的是自己的钱，金额较小，因此对投资对象的审查并不严格，更多是基于投资人的主观判断或者是由个人的好恶所决定的。四是重视熟人间的投资。为了减少信息不对称情况的发生，提高投资绩效，天使投资人往往会创建正式或非正式的社会网络或"圈子"，通过社会网络或"圈子"交流投资信息、开展投资活动。天使投资人、小米科技创始人雷军表示，找天使投资人最好的方法，首先要找身边的朋友、同事、领导，找大家帮助你。因为大家跟你很熟，他们也许不需要完全知道你要做什么。"我投很多项目的时候都不知道对方这个公司要做什么，我就是觉得这个人能干成事情，我支持他一把，这是我投资的核心理念。"雷军认为，如果创业者一定要找投资人，只有一个路径，就是看看你的朋友中有没有跟投资人特别熟的，并由那个人进行担保。"我只投熟人或者是熟人的熟人，只做两层关系。"五是投资程序简单。天使投资主要是由天使投资人自己做出决策，所以决策程序相对简单。一旦天使投资人做出投资决定，资金在较短时间内即可到位。

（2）机构融资

➤ 商业银行贷款

向银行贷款是企业最常见的一种融资方式，创业者可以通过银行贷款来弥补创业资金的不足。按照贷款资金来源及经营模式的不同，商业银行贷款可以分为自营贷款、委托贷款与特定贷款。相对于其他融资工具，商业银行贷款的成本较低、资金来源相对稳定。只要满足贷款发放条件，银行就能够及时向企业提供资金。此外，商业银行可以根据企业的需要提供多样化的增值服务，包括金融咨询、资信服务、代收代付、代保管、投融资，等等。但是，另一方面，出于防控风险、保障资金安全性的考虑，商业银行贷款的条件相对较高，而且贷款程序较为复杂。按照我国《贷款通则》规定：除委托贷款以外，贷款人发放贷款，借款人应当提供担保。贷款人应当对保证人的偿还能力，抵押物、质物的权属和价值以及实现抵押权、质权的可行性进行严格审查。向商业银行借款需要经历贷款申请、信用等级评估、贷款调查、贷款审批、签订合同、贷款发放、贷后检查、贷款归还等基本程序。

为了提高商业银行向新创企业贷款的动力与意愿，许多国家都成立了为新创企业提供融资担保的信用机构，通过提供政府信用担保的方式分散商业银行信贷风险、推动银企合作，改善初创企业融资环境。从20世纪40年代起，美国就开始设立扶持小企业发展的官方机构。小企业管理局（SBA）是美国政府根据其在1953年通过的《中小企业法》创立的专门针对小企业的最高政府管理机构，该机构负责向小企业提供资助和支持，并维护小企业的利益。2003年，美国小企业管理局迎来了50周年庆典。据统计，半个世纪以来，小企业管理局直接或间接援助了近 2000 万家小企业。1991～2000 年，小企业管理局帮助 43.5 万家小企业获得了 946 亿美元贷款。2002 年，小企业管理局支持了总额达 123 亿美元的小企业贷款以及超过 10 亿美元的灾难贷款。在小企业管理局帮助下，小企业获得了超过 400 亿美元的政府采购。小企业管理局已经成为美国最大的金融支柱之一。

➢ 风险投资

风险投资（Venture capital，VC）是指由专业机构提供的，投资于极具增长潜力的创业企业并参与其管理的权益资本。经济合作与发展组织（OECD）将风险投资定义为，"凡是以高技术与知识为基础，对生产与经营技术密集的高技术或服务的投资，均可视为风险投资"。风险投资最早可以追溯到 15 世纪的英国、葡萄牙、西班牙等西欧国家开展远洋贸易的时期，到了 19 世纪美国西部"淘金潮"时期，"风险投资"一词开始在美国流行。20 世纪 70 年代，伴随着高新技术的发展，风险投资步入快速发展时期。风险投资支持并培育了一大批世界级企业，如惠普公司、英特尔公司、微软公司、苹果公司、雅虎公司、谷歌公司等，也造就了一大批成功的创业企业家，如比尔·盖茨、史蒂夫·乔布斯、杨致远等。中国的风险投资业从 20 世纪 80 年代开始起步，经历了 90 年代末的互联网热潮及 21 世纪初的网络泡沫破灭，随着新一轮全球创新创业浪潮兴起，中国已经成为全球风险投资中心之一。据统计，截至 2016 年年底，中国创投机构数量达到 2045 家，其中风险投资基金 1421 家，风险投资管理机构 624 家。全国创业风险投资管理资本总量达到 8277 亿元，管理资本占 GDP 比重达到 1.11%，基金平均管理资本规模为 4.05 亿元。创投机构数量与管理资本规模仅次于美国。

相对于其他融资渠道，风险投资的特征表现在以下三个方面：首先，以股权方式投资于具有高增长潜力的未上市创业企业，从而建立起适应创业内在需要的"共担风险、共享收益"机制。风险投资并不非常注重投资对象当前的盈亏情况，投资者主要着眼于投资对象未来的发展前景及投资增值状况，以便在未来通过上市或出售股权取得高额回报。其次，风险投资属于权益性投资，持有企业股份，一般拥有企业的部分控制权。为了降低投资风险，风险投资机构一般会积极参与所投资企业的经营活动，一方面弥补企业管理经验的不足，另一方面预防并控制投资风险。第三，风险投资并不经营具体产品，而是以整个创业企业作为经营对象，通过支持"创建企业"，并在适当时机转让所持股份从而获取投资增值收益。相对于天使投资，风险投资的资金主要来自于外部投资者。外部投资者将资金交给风险投资机构，由专业人士负责资金使用及管理。此外，天使投资一般投资于创业企业发展的种子期或早期，投资规模相对较小、投资决策快，而风险投资一般投资于创业企业发展的中后期，投资规模相对较大。

➢ 上市融资

当创业企业快速发展，步入成熟期时，企业可以通过发起首次公开上市（Initial

Public Offering，IPO）向社会公众出售股份获得融资。上市一方面可以为创业企业带来发展所需资金、提升企业形象，另一方面也将创业企业置于市场监管机构及社会公众的监督下，企业需要按照规定披露经营信息，此外还会带来部分支出的增加。因此，创业企业在做出上市决策前，需要综合考虑上市的潜在收益与风险（见表 5-2），以免因不了解相关信息而导致上市后的被动与困难，如表 5-2 所示。

表 5-2　上市收益与风险表

收　益	风　险
● 获得资金 企业可以通过上市获得所需资金，如果企业上市后表现良好，还可以通过增发、配股等方式进行再融资	● 信息公开 企业需要按照规定披露产品、投资、战略、财务等相关经营信息，可能为竞争对手提供帮助
● 增加市值 由于上市后流动性、透明度的增加，相对更容易确定价值，所以上市企业与非上市企业相比更有价值	● 时间占用 管理层需要投入大量时间精力用于上市准备，可能会影响对公司经营业务的管理
● 提升形象 上市企业会受到投资者、公众的关注，企业形象得以提升。良好的形象有助于开拓市场、保留员工	● 费用支出增加 上市前和上市后会增加相应的法律、会计、投资者关系等相关领域支出。如果上市失败，相关支出无法返回
● 提供退出机制 上市可以为创业者及创业企业投资者提供投资变现的退出机制	● 股权稀释或丧失所有权 上市后很可能面临敌意收购，创业者所持股份会立即被稀释

经过四十多年的改革开放，我国已经初步建立多层次资本市场体系，先后设立了上海、深圳证券交易所。目前，我国境内上市途径主要包括主板市场和创业板市场。主板市场是指传统意义上的证券市场，是一个国家或地区证券发行、上市及交易的主要场所。我国设有上海、深圳两个主板市场。2004 年 5 月，我国在深圳主板市场中增设中小板市场，将符合主板发行条件的规模较小的企业放到这一新设板块中集中管理。创业板又称二板市场，是与主板市场不同的一类证券市场，专门为暂时无法在主板上市的创业型企业、中小企业提供融资途径和成长空间的证券交易市场。我国的创业板归属深证证券交易所管理。随着资本市场发展，近年来全国中小企业股份转让系统（新三板）、区域性股权交易市场（新四板）得到快速发展，创业企业的融资途径日益拓宽。2018 年，中国证监会宣布将在上海证券交易所设立科创板。科创板将根据科创企业特点，设置多元包容的上市条件，允许符合科创板定位、尚未盈利或存在累计未弥补亏损的企业在科创板上市，允许符合相关要求的特殊股权结构企业和红筹企业在科创板上市。由于不同板块的上市要求不同，创业企业可以根据自身发展定位与实际做出相应选择。此外，创业企业也可以根据需要在香港、新加坡、英国及美国等国家或地区的境外资本市场上市。

（3）政府背景融资

由于新创企业在推动科技、经济乃至社会发展方面的突出作用，政府对新创企业的关注不断提高。为帮助新创企业解决创业过程中的融资困难，各级政府相继出台了各类与新创企业融资有关的支持性政策。常见的政府背景融资包括科技创新券、地方性优惠政策等。

➢ 科技创新券

科技创新券是各级政府利用财政科技资金，向企业、团队发放用于特定服务机构购买战略规划、技术研发、技术转移、检验检测、人才培养等专业服务的一种政策工具。科技创新券由政府发放，当企业、团队购买服务时使用，收取创新券的单位持创新券可到指定部门兑现。

➢ 地方性优惠政策

各级地方政府为支持新创企业发展，推出诸如税收优惠、小额贷款、中小企业信用担保、创业基地建设等扶持政策。如上海市针对注册开业三年以内的创业企业推出小额贷款担保政策，担保金额高达 100 万元。

2. 债权融资与股权融资

根据资金来源的性质不同，可以将融资渠道分为债权融资与股权融资两种。

➢ 债权融资

债权融资是属于借款性质的融资，由资金所有人提供资金给资金使用人，然后在约定的时间收回资金（本金）并获得预先约定的固定报酬（利息）。资金所有人不干预企业的经营活动，不承担企业的经营风险，其所获得的利息也不因为企业的经营情况变化而变化。亲朋好友借款、商业银行贷款等都属于债权融资。

➢ 股权融资

股权融资是属于投资性质的融资，资金提供者将占有企业的股份，按照提供资金的比例享有企业的控制权，参与企业重大决策，承担企业经营风险。股权融资一般不能从企业抽回资金，其所获得的报酬将根据企业经营情况的变化而变化。天使投资、风险投资、上市融资等都属于股权融资。

无论是债权融资还是股权融资都有相应的优缺点（见表5-3），创业者可以综合考虑其优缺点与自身需要选择相应的融资方式。

表 5-3　债权融资与股权融资优缺点比较表

	优　点	缺　点
债权融资	● 保持企业控制权 ● 独享未来可能的高额回报	● 必须按照规定偿还贷款 ● 存在严格的贷款要求
股权融资	● 能够与企业共担风险 ● 可能获得资金之外更多的资源	● 可能失去企业控制权 ● 信息披露责任增加

3. 正规融资与非正规融资

根据资金是否处于国家监管机构监管范围内，可以将融资渠道分为正规融资与非正规融资。正规融资通常指受一国央行、金融监管机构监管的金融机构所提供的融资方式，主要包括银行贷款、资本市场融资等。而在央行、金融监管机构监管之外的融资行为则被称为非正规金融，例如民间借贷。在融资难的大背景下，许多国家及地区的正规金融和非正规金融同时存在于市场中。根据研究表明，非正规融资不仅更容易消除借贷双方的信息不对称问题，而且具有一定的现金替代功能。

面对融资困难问题，创业者往往需要通过创造性的途径获得资金。即使是资金相对充足的企业也应该主动寻找比传统资本更便宜的资本来源。在实践中，新创企业还可以通过典当融资、设备融资租赁、孵化器融资以及新兴的互联网金融等方式获得资金。

三、融资筹划

一旦创业企业的融资需要超过了个人以及亲朋的能力范围，创业者就需要考虑从其他渠道获得资金。为了提高融资的成功率，创业者需要认真策划融资活动，以化解融资过程中可能出现的困难与风险。融资筹划包括三个基本步骤：估算融资金额、确定融资渠道、完善融资策略，如图 5-6。

估算融资金额 ⟶ 确定融资渠道 ⟶ 完善融资策略

图 5-6 融资筹划步骤图

1. 估算融资金额

估算创业资金的需求量对于创业者具有重要意义。一方面，准确地估算资金需求量既可以防范企业创建过程中的资金短缺情况也可以避免由于超需求融资而产生过多的利息支出；另一方面，对融资金额及其使用范围了然于胸有助于更好地与投资者沟通交流，以增强投资者投资信心。

创业者在估算融资金额时不仅要考虑创业项目启动所需的资金而且要统筹规划企业早期运营活动中的资金需求。在形成稳定的顾客群体之前，绝大多数的创业企业会出现负现金流问题。对于大多数创业企业，融资最大的问题不在于获得足够的项目启动资金，而是在于企业发展早期能够确保资金充足，以维持企业的正常运转。要避免负现金流，关键在于提前做好资金储备。关于融资金额估算的经验法则是：按照实际估算的两倍储备资金[①]。筹集足够的资金对于创业企业适应未预见的情况和变化、以最佳的方式发展企业、向外界展示企业的良好形象来说是必不可少的。

2. 确定融资渠道

在估算融资金额后，如何选择融资渠道将是创业者面对的下一个问题。创业者选择融资渠道的决策会受到创业阶段、企业特征、资本成本、创业者对企业控制权的要求等多重因素影响。

（1）创业阶段

不同创业阶段的资金需求与风险程度存在差异，而不同的融资渠道所能提供的资金数量以及风险承受程度也有所不同，所以创业者需要将创业阶段与融资渠道进行匹配，以高效地开展融资工作，如表 5-4 所示。

表 5-4　分阶段融资表

阶　　段	新企业阶段性发展特点	资金主要来源	资金主要用途
种子前期	创业者已经产生创意，但是尚未组建企业或者完成商业计划	创业者个人 家人及朋友 天使投资者	制作商业计划书 组建实体企业
种子期	基本完成创业团队组建，形成企业雏形，完成商业计划书	创业者 家人及朋友 天使投资者 风险投资家	开发产品原型 壮大创业团队 展开市场调研
初创期	注册实体企业，完成产品开发及初期市场调研	创业者 家人及朋友 天使投资者 风险投资家	产品初次销售 建立生产能力 购买固定资产
成长期	生产并销售第一批产品，组织机构开始正常运转	天使投资者 风险投资家 资产抵押贷款	扩大产品生产 增加生产销售人员

（2）企业特征

创业企业融资会受到企业所处行业、资源禀赋、未来受益以及潜在风险等因素的影响。经营风险较大、预期收益较高，从事高科技产业或者具有独特商业创

---

① 创业管理 基于过程的观点

意的创业企业，可以考虑股权融资的方式；经营风险较小、预期收益较容易预测，从事传统产业的创业企业，可以考虑债权融资的方式；风险较高但预期收益又不确定的创业企业，依赖自有资金或者向亲朋好友融资是较为可行的融资方式。

（3）资本成本

不同融资渠道的融资成本存在差异。在债权融资的方式中，融资成本是使用借款资金所需要支付的利息，支付金额固定，支付周期相对较短。在股权融资的方式中，由于投资人获得创业企业部分股权，创业者虽然不需要向投资者定期支付利息，但是对企业的控制权将受到影响。而且，经过两到三轮融资之后，创业者的股权将被显著稀释，决策效率及控制权都将受到影响。在大多数情况下，股权融资的成本要高于债权融资。过高的融资成本不利于创业企业成长，因此，尽管创业初期企业融资相对困难，创业企业仍然要注意债权融资与股权融资的平衡，尽可能地降低资金的综合成本，特别是要注意股权融资可能存在的潜在风险。

（4）创业者对控制权的要求

创业者对创业企业控制权的要求会影响其对融资渠道的选择。哈佛大学教授诺姆·沃瑟曼指出，创业者需要在"富翁"与"国王"之间做出抉择。创业者既可以引入股权投资，让公司更具价值，成为"富翁"，也可以严守公司的控制权，成为公司的"国王"。成为"富翁"或者"国王"并没有绝对的优劣之分，这主要取决于创业者的创业初衷以及对成功的认知。渴望掌控企业的创业者可以将目标锁定在自己已掌握的技能和存在业务关系的领域，或者无需投入大量资金的领域。而追求财富的创业者则应保持开放心态，选择需要投入大量资金的领域。

3. 完善融资策略

在明确了融资渠道后，创业者需要主动联系和接触相关融资渠道，以便及时获得资金。为了提高融资的成功率，创业者需要设计并持续完善融资策略，学习并提升融资技能。随着创业教育的普及，大多数创业者已经知道商业计划书对于创业融资的重要性，但是在实践中，创业者还应该了解并掌握更多的融资策略与技能。

（1）发展社会网络

研究人员发现，投资者更可能将资金提供给与其存在经营交往或者社会关系的创业者。而且，间接社会关系或者与那些能将创业者推荐给投资者的人建立联系，将增加创业者从投资者处获得融资的可能性。因此，创业者应该努力发展自身的社会关系网络，努力与潜在的投资者建立联系，以获得推荐或者直接会面的机会。正如 *eBoys* 的作者兰德尔·施特罗斯所说：如果既没有风险投资公司熟悉的人的支持，又没有提供专家推荐的详细介绍，那么，来自完全陌生人的商业计划书几乎不会被投资方通过。实际上，从风险投资者的视角来看，不认识的人直接递交商业计划书，这表示这个人和他的团队还没有通过创业初级阶段。

（2）重视印象管理

投资者不仅会受到实际业绩的影响，而且会受到表面现象的影响。为了获得资金，创业者需要重视印象管理，给潜在的投资者留下自己值得信任、有能力以及企业创业将会取得成功的印象。印象管理策略主要包括自我强化与他人强化两种形式。自我强化是指努力提高自己对他人的吸引力，具体策略包括通过服装、个人装扮以及不同"道具"（例如有助于产生智慧印象的眼镜）的使用来改善自身的外在形象，以及正面描述自己或者展现出某些技能专长来吸引他人注意力。他人强化是指努力通过不同的方式使对方感觉良好，具体策略包括赞扬对方的特点、成就或者与之有联系的组织，同意对方的观点，表现出对对方的高度兴趣，以某种形式需求对方的意见及反馈，或者以非语言的方式表现出对对方的好感（例如高频率的眼神接触、微笑、点头以示同意等）。有效使用印象管理策略可以提升创业者的吸引力，但是应该注意的是，过度或者无效使用印象管理策略也可能使对方产生消极的反应。

（3）准备电梯演讲

电梯演讲是一种在短时间内表达核心观点并吸引受众关注的沟通表达方式。如果一位创业者在大楼 15 层步入电梯并幸运地发现某位潜在投资者也在同一电梯里，那么，如何利用好从15层到底层的电梯内的交流时间，引发投资者对创业企业的兴趣，对创业者吸引投资具有重要意义。电梯演讲展示了一种沟通情景，在此情景中，创业者需要在较短时间内通过自身的陈述打动投资者，吸引投资者。因此，创业者需要熟悉创业企业的产品、市场、资源等状况，既要突出重点又要逻辑清晰，以快速吸引投资者兴趣，具体方法如表5-5所示。

表5-5　电梯演讲指南

电梯演讲时对你的机会、产品创意、资格和市场进行的简短描述。设想一下，你步入了某座大楼，恰好遇到一位潜在的投资者，你有60秒时间解释你的商业创意	
第一步：描述机会或需要解决的问题	20秒
第二步：描述你的产品或服务如何满足机会或解决问题	20秒
第三步：描述你的资格	10秒
第四部：描述你的市场	10秒
总计	60秒

创业企业的融资过程相当复杂，对于大多数创业者而言，仅靠自身力量难以完成融资活动。创业者除了需要努力提高自身的融资知识与技能外，还应该寻找一些专业人士为自己的融资活动提供帮助，例如熟悉创业所在领域的专家学者、

会计师、律师、已经成功创业的人或者具有融资经验并且愿意提供咨询建议的人。

本章小结

商业模式可以说是一个企业赚钱的故事，需要充分展示新产品或服务是如何为顾客带来了实惠和便利，同时又是如何为企业创造了利润的。从价值创造的角度，新创企业的商业模式可以分为价值发现、价值匹配和价值获取三个基本环节。创业者可以使用商业模式画布开发商业模式，商业模式画布包括价值主张、渠道通路、客户关系、核心资源、关键业务、重要合作、成本结构以及收入来源等 8 个构成要素。撰写创业计划的作用主要体现在理清思路和募集资金两个方面。一份完整的创业计划书应该包括封面、目录、实施概要、创业计划核心内容、附录等部分。创业计划的核心内容应该包括企业描述、市场营销、研究设计与开发、运营管理、团队管理、重大风险、财务预算、收获战略、时间表和里程碑等 9 部分内容。创业"融资难"与创业活动自身的特性有关，新创企业成长的高度不确定性、投融资双方信息的不对称、投资成本高等因素显著制约着投资人对于新创企业的投资意愿。按照融资对象不同，创业融资渠道可以分为私人资本融资、机构融资与政府背景融资。根据资金来源的性质不同，可以将融资渠道分为债权融资与股权融资。融资筹划包括估算融资金额、确定融资渠道、完善融资策略三个基本步骤。创业者选择融资渠道的决策会受到创业阶段、企业特征、资本成本、创业者对企业控制权的要求等多重因素影响。为了提高融资成功率，创业者应该发展社会网络、注重印象管理、准备电梯演讲。

重要概念

商业模式　价值发现　价值匹配　价值获取　商业模式画布　创业计划
实施概要　天使投资　风险投资　债权融资　股权融资　印象管理

复习思考题

1. 如何理解商业模式的价值创造逻辑？
2. 有了好的商业模式就可以成功么？
3. 创业一定要写创业计划么？撰写创业计划的意义是什么？
4. 为什么要特别重视创业计划书的实施概要部分？
5. 为什么说创业计划编制是一个动态过程？

6. 创业者为什么会面临"融资难"困境？

7. 如何看待"自我融资"这种融资形式？

8. 天使投资与风险投资的区别是什么？

9. 债权融资与股权融资各有什么优缺点？

实践训练

1. 请使用商业模式的价值创造逻辑阐释苹果 iPod/iTunes 商业模式的价值发现、价值匹配、价值获取过程。在此基础上进一步使用商业模式画布分析 iPod/iTunes 产品的商业模式的构成要素。

2. 以小组为单位，参照本章有关创业计划内容介绍，基于前期开发设计的"创业产品"完成一份创业计划书。

3. 以小组为单位，走访一家本地的创业孵化器，了解创业孵化期的入驻条件、提供的服务以及相关支持性政策，并走访调研一两家孵化器内的创业企业。

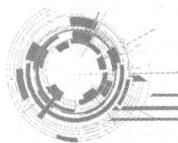

扩展阅读

步步为营与资源拼凑

创业者在创业初期处于资源高度约束的状态，为了有效地获得资源、更好地发挥有限资源的使用效率，创业者需要采取步步为营、资源拼凑等与成熟企业不同的资源获取与使用策略。

"步步为营（Bootstrap）"的本意是指"靴子的鞋带"。一根鞋带之所以与创业有关，主要是因为作家华尔格在小说《吹牛皮大王历险记》中讲述了一个主人公用一根鞋带将自己从沼泽的烂泥中拉出来的故事。后来这个词逐步演变成"自助、不求人"的意思。美国学者杰弗里·康沃尔在《步步为营》一书中指出，步步为营不仅是一种最经济的做事方法，还是在有限资源的约束下获取满意收益的方法。该方法不仅适合小企业，同样适用于高成长、高潜力的企业。步步为营的活动包括：创业者在资源受限的情况下寻找实现企业理想目的和目标的途径；最大限度地降低外部融资需求；最大限度地发挥创业者在企业内部投资的作用；以及实现现金流的最佳使用。在实践中，步步为营的策略首先表现为节俭，还有设法降低资源使用量以及降低管理成本。例如创业者通过入驻孵化器或创业服务中心，享受廉价办公场所，与别的创业者共享传真、复印设备，甚至共享员工。通过降低外部融资需求，创业者还可以降低经营风险，加强对创业企业的控制。步步为营是一种进取而非消极的策略，较少的资金需求反而有助于提高获得贷款的可能性。

法国人类学家列维·施特劳斯最早提出"拼凑（Bricolage）"的概念，本意在于说明人类认识世界的方式是一个渐进的过程，即在已有的神话元素的基础上，不断替换其中的一些元素，并形成新的认识。这样的思维方式被称为"修补术"或"打零活"，中文翻译成"修修补补"。2005年，贝克和纳尔逊在《行政科学季刊》上发表题为《无中生有：通过创业拼凑构建资源》的论文，正式将拼凑概念引入创业研究领域。贝克和纳尔逊指出：资源拼凑是创业者面临资源约束时的一种战略行动。创业者脱离传统的资源环境分析范式，从一个全新视角评估现有资源的价值，通过"将就"与重新整合，构建新的目标手段导向关系，以把握创业机会或迎接挑战。资源拼凑理论主要涉及三个核心概念：现有资源（resource at hand）、资源将就（making do）以及资源重构（combination of rescources for new purposes）。

➢ 现有资源。现有资源是指新企业或现有市场已经存在但未被发掘或被忽视价值的资源，创业者通过社会交换或者非契约形式低成本获得的资源，以及创业者思维层面拥有的一些独特策略。从现有资源出发，通过资源拼凑实现创业的"无中生有"。

➢ 资源将就。资源将就是指创业者面对资源约束时利用现有资源应对新挑战或机会的一种特殊方法，强调"即兴而作（improvising）"的积极行动。

➢ 资源重构。整合资源以实现新目的，是指创业者根据新目的，以不同的既有战略意图及使用方式来整合资源。既有目的需要相应的资源整合以实现，而新的目的需要资源的再整合。

资料来源：张玉利，薛红志，陈寒松，李华晶. 创业管理（第5版）[M]. 北京：机械工业出版社，2020；祝振铎，李新春. 新创企业成长战略：资源拼凑的研究综述与展望[J]. 外国经济与管理，2016, 38(11): 71-82.

章后案例

PPG：断裂的链条

因为创始人过分高调轻狂而公众形象尽失最终导致公司失败的案例在现实中并不鲜见，但这些案例与PPG公司的经历相比，都显得不够典型。

坏孩子李亮

至今，对于PPG公司的创始人李亮，有着这样那样的说法，我们所能找到的并得到广泛认同的版本是：李亮，自高中阶段起便离开上海去美国学习和生活，本科毕业于美国纽约大学摄影专业。完成学业后，李亮进入美国著名的邮购和网络直销服装公司 Land's End 工作。

Land's End 的业务范围涉及销售衬衣之类的男装，该公司 1984 年推出的女性泳装专刊更让其声名鹊起。1995 年，Land's End 开始尝试用网络销售，成为第一批选择互联网作为分销渠道的企业，并创新性地推出网上导购员，让导购专家通过聊天的方式来协助顾客找到自己想要的商品。

李亮在 Land's End 的头衔是首席采购代表，后来又升任亚太地区采购部副总裁，手下拥有一支独立的采购团队，全面负责管理和检验采购进程，同时对多个国家的供应商进行采购管理和质量监控。也正是由于与中国市场的实际接触，让李亮意识到：尽管中国是个服装纺织大国，拥有从产棉到加工制造的完整产业链，具备服装的规模化生产能力，不过大部分服装企业却以 OEM（定点生产，代工）为主，很少有自己的服装品牌。直到 20 世纪 90 年代末，一些眼光长远的中国服装企业才开始重视品牌建设，但是诸如雅戈尔、虎豹、李宁等企业为了占领市场，无一例外地都选择了花重金在销售渠道上下功夫。

而 Land's End 以邮购和网络直销的方式为客户提供产品，省去了传统服装行业花在多重渠道的大量费用，使得产品价格具有极大的竞争力，也吸引了更多消费者的追捧。在 Land's End 的产品系列中，包括领尖带扣式男式牛津纺衬衫等在内的众多传统样式的经典休闲服装一直畅销不衰，而其中大部分商品其实都是在中国以极低的价格进行规模化采购，然后再贴牌销售的。

商业嗅觉异常灵敏的李亮对 Land's End 商业模式的优越性有着深刻的理解，也从中看到了巨大的商机。李亮正在酝酿一个伟大的计划：在他看来，如果把这种"先进"的模式引入中国，再结合中国服装产业的先天优势，必定能让大而不强的中国服装行业迅速崛起，同时，传统的行业格局也必将进行一次重新洗牌。

不过，这个伟大的想法并没有在李亮供职 Land's End 期间开始实施，而是到了 2004 年，三十而立的李亮踌躇满志地从美国回到上海后。

牛津衫帮助 PPG 一炮走红

2004 年，从美国回到上海后的李亮遇到时任戴尔（DELL）大中国区市场和媒介主管的赵奕松（Jessica），两人相见恨晚，一拍即合，"用戴尔的直销模式贩卖男式衬衫"的商业计划终于横空出世。

2005 年 10 月 24 日，李亮在上海创建 PPG 服饰有限公司，专注于男式衬衫的生产与销售。李亮对 PPG 这三个缩写字母的诠释是 Perfect Products Group（完美产品集团），希望能为消费者提供最佳质量的产品和服务。让消费者"穿得更好，花得更少"，这是 PPG 的"开国宣言"。

对于选择进入男式衬衫领域，李亮的逻辑是，通过对市场的考察，他发现衬衫领域的商机并没有引起同行的足够重视。而事实上，对很多商务人士来说，衬衫正逐渐成为生活的必需品。打开一个普通男性白领的衣柜，看到里面挂着十几件衬衫是再正常不过的了。

伴随着衬衫市场的急剧增长，消费者两极分化的需求也越来越明显。高端消费者会去买阿玛尼等国际名牌，而大多数中低端消费者则更青睐性价比高的衬衫品牌。后者正是 PPG 的目标人群。

牛津纺衬衫，是 PPG 的第一款产品，也是卖得最好的一款产品。这款产品来自美国，是全美 20 世纪 70 年代最为畅销的产品之一。PPG 首次将其引入到国内，给消费者耳目一新的感觉。不过，它最大的成功秘诀则是将衬衣从服装层面上升到了文化高度。李亮和赵奕松都是"海归"，在美资 IT 公司任职期间，他们发现一个现象，几乎所有的同事，大到总裁、高管，小到普通文员，都喜欢穿牛津纺衬衫。穿牛津纺衬衫，不仅是一种着装习惯，更是美式文化的体现。引入牛津纺概念，让中国消费者能够穿上美国大公司职员穿的衬衣，无疑迎合和满足了部分中国消费者习惯跟随的消费心态。

有着丰富文化内涵的产品，虽然吸引了一些消费者，为 PPG 出奇制胜奠定了基础，但是李亮很清楚，要想获得更多消费者的青睐，一个能彻底颠覆消费观念，打破消费者心理防线的价格，才是杀手级的武器。

长期以来，衬衫的价格和价值有着天壤之别，这是因为在传统的衬衣销售过程中，50%～70%甚至更多的利润要花在各种渠道上，这就导致商场里随便一件普通衬衫也要上百元。在李亮看来，消费者买的不是衬衣，而是浪费。

PPG 绕开烦琐的渠道，挤掉诸多成本泡沫，为消费者带来真正物美价廉的产品，一举扭转了人们传统意识中男士衬衫起码百元以上的价格认识。当 PPG 衬衫"最低价格 99 元"的广告一出现，也就难怪消费者会忍不住惊呼了，随之他们就争先恐后地加入了抢购热潮。

从创立 PPG 公司的第一天起，李亮就打定了主意，只通过邮购目录和网络直销衬衫，而不开设任何一家线下的门店。这种点对点、不开实体店、不靠经销商的直销模式，节约了大量渠道成本，让产品价格更具竞争力，从而真正实现了价廉物美。而且 PPG 公司几乎原封不动地照搬了 Land's End 的视觉体系广告，也给国内消费者带来了前所未有的视觉冲击。纯正的美式生活方式，与国内传统的衬衣企业形成鲜明对比，取得了巨大的差异化效果。

锁定了一个即将井喷的市场，选准了有竞争力的产品切入，引入了国际化的邮购目录做支撑，PPG 就此上路。

服务器公司 PPG

PPG 将自己定位为一家轻公司，只负责产品设计、仓储和市场推广，而将其他一切可以外包的环节都外包出去，这让 PPG 迅速长大。

　　PPG 为此开发了一套功能强劲的 IT 信息系统。用 IT 系统将仓储、物流、采购和生产打通，所有信息在一个闭环的供应链里得以快速流转，一旦仓库发出缺货警报，采购部门会立即组织布料采购和生产。

　　由于 PPG 对产品的布料颜色、质地等方面设定了范围，而且实时准确地掌握布料生产量的需求信息，所以 PPG 的布料供应商在接到生产指令后，24 小时之内就能将原料直接运送到服装加工厂，而每家服装加工厂都会在 96 小时之内批量生产，然后将成衣运送到 PPG 的仓库等待配送。

　　PPG 的直销模式让来自市场第一线的数据可以及时地反馈到市场部门，从而第一时间精确分析消费者的需求并做出响应。"以快取胜"，无疑是 PPG 迅速崛起的关键。这种方式使 PPG 的生产周期从传统制造企业的 90 天节省到了接近 7 天，省下了大笔库存资金和流转资金，同时产品成本也随之降低。此外，PPG 初期的成功还得益于以下几点因素。

　　平民化的价格，注重"性价比"。与戴尔的定价策略一样，PPG 的产品定价在行业内也处于中低水平，非常注重所谓的产品"性价比"。以衬衫产品为例，全棉短袖衬衫定价 129 元，免烫长袖衬衫 199 元，普通单色棉 T 恤定价 99 元等，有些组合销售产品的平均价格甚至更低。这个定价与大众品牌相近，并且与销售衬衫见长的平民化品牌杉杉等相比，也具有价格优势。平民化价格定位跟 PPG 采取的直销模式是吻合的。由于是无店铺销售，消费者在购买前大多是只看过宣传图片就必须决定是否购买了，因此，如果定价太高，消费者防范"风险"的心理就越强，从而阻碍了其购买意愿。只有通过展示产品的高"性价比"，消除消费者的防御心理，让消费者产生"即使产品没有说得那么好，也亏不到哪里去"的这种心理，才能将购买欲望转化成购买行为。

　　捆绑销售方式，追求订单效益最大化。由于 PPG 的价格定位和产品策略，它的产品单价都比较低，为了扩大每笔订单的消费额，公司就只能在捆绑销售上下功夫。PPG 在引导消费者"批量采购"方面主要采取了三种策略：第一种是搭配销售，如"购买衬衫加裤子立减 50 元"；第二种是打包销售，即将几件相同款式，但不同色系的产品进行打包，并在价格上给予折扣优惠；第三种是满额优惠，即购物满 50 元免运费，送礼品等。同时，PPG 也开始尝试限期优惠，如"购买上衣加裤子优惠 50 元"活动就标注有时间期限。限期优惠可以有效地将购买欲望转化为购买行动，尤其是对消费者的即兴购买行为来讲效果更为显著。

　　多重"人性化"服务，赢取消费者信任。PPG 通过三方物流，在全国 50 多个城市可以实现送货上门，并且货到收款。这对消费者而言，大大地降低了购物的时间成本减少了中间环节，并且消除了他们的顾虑心理，最终促进在线购物的实现。

　　李亮曾经颇为自得地对媒体说："我们既不是服装企业，也不是互联网公司，而是一家数据中心，甚至你可以认为我们是一家服务器公司。"

借 VC 和上下游的钱生财

凭借较低的营销成本、超低的零售价格以及独特的商业模式，PPG 的产品迅速赢得了市场，很快实现了正现金流。但是，2005 年 11 月，PPG 还是遇到了资金压力，因为前期的投入，PPG 早期的启动资金很快被消耗殆尽了，增长速度放缓，为了维持旺盛的成长势头，PPG 决定借助外来资本和广告进行大提速发展。

2005 年 12 月 3 日，PPG 投资 100 万元在上海电视台和东方电视台各频道投放电视广告。凭借着地毯式的广告轰炸，PPG 产品在上海当月的销售额提升了 30%，而且不断出现断货的消息，每天近数千件的产品销售缺口，李亮不得不催促上游厂商加班生产，并且将上游供应商由原来的 3 个增加到 5 个。

广告的放大效果增添了 PPG 公司的信心，包括 CEO 李亮在内的 PPG 所有员工也感觉到了广告投放的巨大作用，PPG 公司决定再次增大广告投放力度，但资金却是一个难题。

出于对未来的良好预期，考虑到目前资金不足的现状，PPG 开始寻找风投帮助。2006 年 8 月，TDF 和集富亚洲两家风投公司给 PPG 注资 2000 万美元。

2006 年 12 月，PPG 将广告规模铺展到全国，北京、上海两地的电视、报纸、网络，以及分众传媒、框架传媒分布的楼宇、超市卖场、地铁，PPG 的广告铺天盖地，《南方周末》《参考消息》《读者》上，PPG 产品的广告也像洪水一样涌现。

PPG 还重金请来香港明星吴彦祖做形象代言人。每次吴彦祖在电视里用浓重的鼻音喊出 PPG 的广告语"Yes! PPG! "，都会让万千粉丝疯狂，也让消费者牢牢记住了这个品牌。

2006 年 12 月，也就是 PPG 开始加大广告投入的第一个月，月销售产品 7000件。在接下来的 2007 年 1 月、2 月、3 月，连续创造了月销售 1.5 万件的奇迹，一举超过日均销售 1.3 万件的雅戈尔品牌的销量。

随着销售记录不断被刷新，PPG 的 B2C 模式开始被媒体和同行神化，甚至被称为服装业的戴尔，PPG 被奉为神灵。

良好的发展势头，使得 PPG 的 CEO 李亮变得轻狂起来了，李亮当时在多种场合宣称，PPG 已经成为男士衬衫行业的老大，如果有人想超过 PPG，除非再有一个李亮。

价格战引发消费者质疑

尽管 PPG 如预想的那样一路凯歌，但危机在一片繁荣中已经开始出现。在 PPG 榜样式的示范效果催动下，B2C 模式在行业被迅速发酵放大，更多的竞争对手迫不及待地复制这个进入门槛并不高的直销商业模式。2007 年下半年，同类企业猛然增加到 30 多家，更令 PPG 预料不到的是，强硬的对手开始对 PPG 发起了面对面的冲击。

2007 年 8 月，前身为报喜鸟品牌的衬衫新品牌宝鸟（BONO）突然挺进男装直销领域，BONO 变相推出 777 元的 "5 件衬衫和 2 件 T 恤" 礼包出售；在 PPG 还没有做出反应之前，宝鸟又紧接着推出 169 元的衬衫和 109 元的毛料混纺 T 恤产品。虽然表面上并没有针对 PPG 的 99 元价格定位，但宝鸟实际上还是直接冲击了 PPG 的 99 元到 229 元左右的定价区间。

在广告投放上，宝鸟也毫不留情，在国内主要的平面媒体上，宝鸟专门挑选与 PPG 相邻的版面打广告，以咄咄逼人的后来者姿态现身。这个招数让 PPG 颇难应付，两者最终发生血拼。这场血拼导致 PPG 在北京的市场份额下降了 3 成。

就在与宝鸟拼杀得难分难解之时，一个预料不到的新对手——凡客(VancL)也意外出现了。2007 年 10 月 18 日，凡客一出手便大张旗鼓地在国内市场做起了半版彩色广告，针对 PPG 的牛津概念，凡客差异化地打出了全棉生活的概念，而当时全棉概念正逐渐开始走红，凡客无疑迎合了当时的流行趋势。

在价格战上，为直接打击 PPG 的 99 元最低价概念，凡客推出 68 元初体验价格，全棉的定位和低于 PPG 的零售价格，直接导致了 PPG 的用户被分流。

面对咄咄逼人的宝鸟和凡客，PPG 决定开发更多的产品，来改变牛津布衬衫的单一款式状态，并很快推出了迎风群岛系列、苏格兰休闲系列、海岛棉系列、高支棉系列，但是因为成本原因，PPG 把价格定在 200 元左右，并没有形成对凡客的竞争优势，销量也并没有得到明显提升。

在 PPG 开发多品种之时，更多的对手加入到这场车轮战。当当网衬衫开展了全场衬衫满 100 返 30 元的促销活动，而有的网站则打出 "68 元一件"，"三件起仅需 29 元" 的超低价战略来博得消费者眼球，一场大战使消费者低价捡漏的欲望化为实际行动，大量的消费者从 PPG 分流出去，这个时间，PPG 的整体销量已经开始大幅度萎缩。

就在与宝鸟们难分难解之时，令 PPG 预想不到的事情发生了，因为忙于应对价格战而无暇顾及产品质量，再加上 PPG 长期拖欠厂家货款导致的供货商积极性的降低，其产品质量急剧下降，很多消费者反映服装尺寸不对和甲醛味道严重，严重缩水褪色等产品质量问题开始出现。

对于 PPG 这样一家试图以互联网的模式来重新定义传统服装业的公司来说，拥有一个完美的 "数据库" 只做到了成功的一半，在具体运营上，仍有大量细节需要不断完善。由于 PPG 没有专营店，完全依赖消费者通过网络和电话进行订购，每一次的购买体验都将成为对 PPG 的口碑检验，也极易通过互联网特有的 "社区式" 传播形成放大效应。因此，它比传统企业更需要口碑营销，从而来自这方面的风险也将更大。

同样的问题还存在于和上下游企业衔接的环节之中。雅戈尔品牌因为拥有自己的面料厂和制造厂，所以能在所生产服装的质量上严格把控，卓越、当当、红孩子等互联网企业都建立了自己的配送队伍，在送货时便会对自己的货物进行详细检查，和消费者之间的沟通也更为顺畅。而将这些都外包出去的 PPG，则需要把控更多细节。比如，在代工厂中，工人在生产完后需要将每件产品都单独包装，按照 PPG 的货物分类贴上标码。但是由于过程中出现错误，有时会导致 PPG 最后给消费者所配送的产品并非消费者所订购的。

库存门

消费者的投诉引起 PPG 对上游供应商的不满，PPG 决定对其进行资金制约，拒绝支付虎豹制衣 400 多万欠款，同时也拒绝支付另一家供货商卓越织造 2000 多万元的欠款……双方的对峙引起了供货商的连锁反应，7 家供货商纷纷抵制 PPG，要求现款现货。此后，因为 PPG 无法满足供货商的要求，导致供货商更大的抵触。这样，频繁出现的质量问题不仅得不到解决，并且原来 24 小时就能完成的生产现在一周都不能完成。

失去对上游供应商控制能力的 PPG 不得不考虑改变原有的代加工模式，2007 年 12 月，PPG 决定筹集资金准备扩建一个 8000 平方米的厂房，PPG 希望得到风投支持，但风投认为，PPG 已经失去消费者信任，并且，竞争对手已经成长起来，PPG 的优势不复存在，应该放弃支持。

为了尽快回笼资金，完成自己扩建厂房以增强对产品质量控制权，PPG 决定在接下来的冬季战役中重整旗鼓，快速回笼一部分资金，而且对此不惜成本。

2007 年 12 月，PPG 开通特卖网站，对全线产品进行 3～5 折特价促销，其中有的款式最低价只有 29 元，而且买 4 件还送 1 件。PPG 不但通过网站发布消息，而且大量促销短信也通过手机传输出去。在 PPG 看来，这本是一场正常的市场救急战役。但是没有料想，PPG 的特价促销遭到媒体质疑：网站甩卖的全部是 PPG 的库存产品。而且 PPG 甩卖，被很多媒体看成是 PPG 资金链出现断裂的表现。媒体的质疑不但使原本对 PPG 产品质量就心存疑惑的消费者认为 PPG 是在最后一次倾销积压产品。而且 PPG 资金链断裂的消息也迅速蔓延，一时之间，PPG 可能面临倒闭的消息，传遍了整个服装行业。

这个让业内跌破眼镜的低价促销广告，如同一枚炸弹将 PPG 身上的所有光环剥去，唱衰 PPG 的舆论从此刻全面展开，并由此形成 PPG 的拐点。

更为严重的是，促销行为与 PPG 一贯塑造的形象之间产生的落差太大。

PPG 创始人李亮曾表示，PPG 的核心竞争力在于解决了库存的问题"今天一个传统服装行业，至少需要 90 天的库存，这就是他们赚不到钱的原因"。而 PPG 的供应链则能解决这一问题，"到 2007 年年底，基本上我们就没有库存了，我们的后端就能够做到即时生产（Just In Time）"。PPG "零库存"实在让人印象深刻。以至于这次的促销，太容易让人想到 PPG 原来也是有库存的，而且还不少。

虽然经过 PPG 的紧急公关，库存门很快告一段落，但此时的 PPG 已然从一个媒体的宠儿变成了一个被质疑的对象。

广告门

所谓祸不单行。很快,PPG又陷入广告门。

2008年4月21日,因为一笔165万元的广告欠款,上海某报纸打出一个整版的"债务催收公告"。打广告的是上海中润解放传媒有限公司,而被广告催债的是著名男式衬衫直销品牌PPG。

165万元——对于曾经在2007年10个月间就花掉2.3亿元广告费的PPG,并不是什么大数目……然而,PPG一如既往地对这些行为保持缄默。

从2007年11月开始,PPG已经面对了多起与广告有关的纠纷:先是上海旷视广告有限公司和上海元太广告有限公司承揽合同的纠纷,以及上海唐神广告有限公司拖欠广告款的诉讼……这几起数额不大的商业诉讼,都使得这家年轻的公司风光不再。

PPG给出的解释是:停止广告的真实用意很简单:试错——销量上规模后是否还需要前期那样的广告投放?以PPG的发家地上海为例,2007年PPG在该地区共卖出300多万件衬衫,上海全年广告投放接近1亿元,占到全国投放的40%。但当街头裁缝摊大妈和洗脚房小姑娘都知道PPG之后,再继续大规模投放广告对销售的直接拉动已经不再明显了。

作为一家创业公司,PPG需要不断地平衡广告效果和有限支出的关系。正因此,它的电视广告周期基本以"月"为单位。比如,2007年4月,PPG的电视广告开始在北京的地方台播出,但是播出期限只为一个月。在这一个月内,PPG的销售量能达到了大幅增长,一个月后,广告停掉,广告的再次播出仍然要依靠数据的变化。如果销售量增长幅度减缓,或者销售量下降时,再接着做一个月的电视广告。如此往复。

但是,毫无疑问,这种巨大的投入已经让PPG感觉到了压力。毕竟,作为直销模式的公司,虽然在渠道建设上比雅戈尔等传统厂商能节约大量资金,但由于没有地面店,就需要花费大量的营销费用来"找到"消费群,树立品牌。因此,从初期来看,相对于传统模式,这种依靠网站和呼叫中心直销的方式并没有任何成本优势。

PPG转折的关键在于如何获得客户并使他们转化为忠实用户,并能更进一步地成为信息的传播者。这样,即便营销费用降低,产品的销量仍然不会受到影响。要达到这个目的,根本在于服务质量的改善和提高。从顾客看到PPG的广告,到打呼叫中心的电话,或者上网站购买,到物流送到,甚至有多少用户投诉了,他们的投诉类别大类有多少,小类有多少,把它具体到每个问题上,这都已经成为PPG评估营销细节的指标。

实际上,PPG靠广告吸引来的用户其实不是互联网上经常进行网购的用户。

PPG 内部也承认，目录是最有效的营销渠道。

四面楚歌

在与供货商和广告商闹得不可开交之时，更多的媒体也开始由最初的赞美倾向于对 PPG 的批评。

一片质疑声中，各种猜测纷至沓来，PPG 又接二连三地当上了被告，再加上网络上众多的指责，过去对 PPG 褒奖有加的公众语境立即倒戈相向，PPG 一时陷入四面楚歌。

面对媒体和消费者的双重质疑，PPG 一方面安抚消费者，宣布获得了国际风投三山公司的 3000 万美元的新投资。同时，PPG 做出了一个孤注一掷的决定，计划在 2008 年 10 月再掀起一场价格战。

但是对于 PPG "再次获得巨额注资"的消息，并没有得到三山的承认，这让 PPG 彻底陷入资金和舆论质疑的双重困境。更为不幸的是，与 PPG 有债务关系的债主们认为再不索要欠款，可能会血本无归，纷纷找上门来，矛盾进一步激化。2008 年 4 月，上海中润解放传媒有限公司和上海艾普广告有限公司两家公司在上海媒体刊登大篇幅 "债务催收公告"，向 PPG 索要欠款，一些为 PPG 进行公关宣传业务的企业也开始中断对其服务，PPG 一时陷入了资金链断裂和信用崩溃的漩涡。

为了抓住最后的机会，最后一搏，PPG 果断地准备再进行一次全线降价，然后把回笼资金转入美国，在美国重新开辟市场。

2008 年 8 月，就在 PPG 打算倾城一战的前夜，早已对 PPG 的动向了如指掌的宝鸟（BONO），突然抢先出手，推出的 "一元体验" 促销活动，直接将低价策略推向了高潮。消费者只要在当日单笔购物满 300 元，只需要再加 1 元即可获得价值 229 元、不同颜色的全棉毛衣一件，并且消费者所消费的金额可逐步累积，多买多得。在愈演愈烈的换季促销大战中，这一颇为另类的营销举措吸引了大量网上购物拥趸者的关注。

尽管到了 2008 年 10 月，PPG 还是如期将 99 元的价格降到 66 元左右，并且在产品目录中已经增加了牛仔裤和领带。但是市场反响一片孤寂，每天寥寥无几的订单，甚至不足以补偿电话费和员工工资，此时 PPG 的现金流只有不到 1000 万，PPG 的月销售额规模勉强维持在 200 万元左右。

而此时，李亮却打算将积聚起来的 2 千万美元资金转移到美国。这一计划遭到公司内部的集体反对，一直对营销模式意见分歧极大的内部矛盾也开始激化。最终，李亮还是坚持只身前往美国。李亮曾计划在美国重新打造一个 PPG 营销中心，然后把生产环节放在国内。但是，到美国后，李亮将 2 千万美元几乎全部投资在固定资产上，国内的运作根本无法运营。由于供货商和广告代理商拿不到欠款，而李亮又不愿意回国给予答复，于是各种猜测再次纷纭而至，"PPG 创始人李亮携款 2000 万美元潜逃" 的报道更是遍布于国内各大媒体的主要版面，此时

PPG 的订单数量已经由最初的上万件迅速跌落到百件、甚至"剃光头"。

不满于 PPG 运作失误的 PPG 的高管们在李亮去美国后相继离职，PPG 陷入了人事大幅动荡。不久以后，除了呼叫中心外，PPG 运营团队已经只剩下 30 人左右。到 2009 年初，那些幸存下来的管理人员开始变得畏畏缩缩，让事态向更严重的方向发展，最终发展到不可收拾。PPG 的变动增加了 PPG 供应商的集体恐慌，订单被延期生产，快递企业见款发货，消费者的订单开始变得遥遥无期。2009 年，消费者收不到订货，已经成了 PPG 经常发生的事情。2010 年 1 月，由于被上海地方法院判处经济赔偿债务成立，PPG 存在银行的 180 万元存款被冻结，公司的剩余物资也被搬走。2010 年 3 月，PPG 上海总部早已经人去楼空，曾经叱咤一时的 PPG 彻底崩溃。

资料来源：林军，唐宏梅. 十亿美元的教训[M]. 杭州：浙江大学出版社，2011.

【讨论题】

1. 如何理解 PPG 的"直销"模式，这种"直销"模式的好处与可能存在的问题是什么？

2. 从商业模式价值创造逻辑角度，PPG 以"直销"为核心的商业模式的价值创造逻辑是什么？从商业模式画布角度，以"直销"为核心的商业模式的构成要素是什么？

3. 案例中提到 PPG 使用了哪些融资方式？这些融资方式的差异是什么？对 PPG 发展产生了什么影响？

4. 作为一颗冉冉升起的新星，PPG 在很短的时间内就陷入困境。你觉得原因是什么？请谈谈从 PPG 的案例中得到的启示。

第六章　创立与管理新企业

学习目标

理解新企业的含义

熟悉企业的法律组织形式

理解新企业的组织结构设计

理解企业创立所涉及的选址及供应商选择事项

了解合法性及新企业合法性构建策略

理解新企业运营所涉及的财务、人力资源、供应链及知识产权管理事项

熟悉企业危机管理内涵、过程及策略

熟悉新企业品牌建设策略

开篇案例

创业中的挣扎

创建公司之初，每一位企业家都怀揣着一个清晰明确的成功梦想。你会创造一个极其优越的环境，雇佣最能干的人加入你的团队，你们会齐心协力，研发一款令客户满意的产品，让这个世界变得更美好。

为了使梦想成为现实，经过了无数个日夜的辛苦奋斗，你却发现，事情并没有按计划进行。从一开始，你的公司就没有跟上你所设想的步伐。你的产品出现了难以解决的各种问题，市场和你想象的大不相同，你的员工正在失去信心，有些人已经辞职。在辞职的员工中，有些人还是非常优秀的，他们的离去令剩下的人们开始怀疑继续留在公司是否明智。资金越来越少，风险投资家告诉你，由于近在眼前的欧洲经济危机，你的公司将很难筹集到资金。在一次竞争中，你输给了对手，失去了一个忠诚的客户，失去了一名极出色的员工。你的压力越来越大。究竟是哪里出问题了？你的公司为什么没有按预想的轨道运转？你真有足够的能力去实现梦想吗？当梦想变成了噩梦，你会发现自己陷入了旋涡之中。

资料来源：本·霍洛维茨. 创业维艰[M]. 杨晓红, 钟莉婷, 译. 北京: 中信出版社, 2015:73.

从创业过程的角度看，在产品开发及创业资源整合基础上，创业者需要成立新企业以推动具体创业活动开展。但是正如上文所示，创业的路可能不会一帆风顺，产品、市场、员工都可能会遇到一些新问题。调查显示，我国的中小企业的平均寿命仅 2.5 年。北京中关村"电子一条街"5000 家民营企业，生存时间超过 5 年的只有 430 家，其余 91.4%的企业已烟消云散。创业者需要了解新企业创立以及企业初创时期所涉及的重要工作，对企业创立后可能出现的困难做出思想与行动的准备，让企业更好地"活下去"，实现创业成功。

第一节　成立新企业

在国家政策支持与鼓励"大众创业，万众创新"的时代，各种类型的创业公司层出不穷，大量新创公司的成立，不仅提高了创业者的生产积极性与创新意识，而且加速了国家经济增长，推动了社会进步与市场繁荣。

现在全社会鼓励年轻人，尤其是有理想的人自主创业，成为创业者，但创业者在创业过程中一定要具有法律意识，守法经营，在创建和经营过程中一定要遵守国家法律法规，促进企业健康成长，否则就如快播公司一样，即使经历了辉煌，最终也会走向没落。

作为创业者，要成立一家企业，首先清楚企业的一些基本知识非常有必要。比如企业的基本内涵是什么？为何要成立企业？何时适合成立新企业？成立新企业要注意哪些问题？等等，只有清楚了这些有关企业的基本内容，进入企业成立的实质阶段才更有意义。

企业一般是指以盈利为目的，运用各种生产要素（土地、劳动力、资本、技术和企业家才能等），向市场提供商品或服务，实行自主经营、自负盈亏、独立核算的法人或其他社会经济组织。企业是市场经济活动的主要参与者，在社会主义经济体制下，各种企业并存共同构成社会主义市场经济的微观基础。

新企业（新创企业）是指创业者利用商业机会通过整合资源所创建的一个新的具有法人资格的实体，它能够提供产品或服务，以获利和成长为目标，并能创造价值。新创企业是处于早期发展阶段、尚未成熟的企业，这类企业成立的时间比较短，处于创立期或者成长期。

目前关于新企业的界定尚未有统一的标准，最直观的指标为企业成立时间长短。根据有关文献资料显示，Biggadike（1979）、Kazajian 和 Drazin（1990）认为新企业的时间长短取决于其所处行业、资源和战略等因素，这个时间较短的为 3～

5 年，较长的为 8~12 年；Brush（1995）、Shrader（1996）、Zahra、Ireland、Hitt（2000）认为 6 年为新企业的界定标准；McDougall（1989）认为是 8 年；Covin 和 Slevin（1990）采用 12 年作为新企业界定标准。国内学者蔡莉（2009）、李新春（2010）、张玉利等以成立 8 年时间来界定新企业。全球创业观察（GEM）报告用时间来衡量，认为新创企业是指成立时间在 42 个月以内的企业。基于以上界定，本书将成立时间 8 年以下的企业定义为新企业。

一、新企业的法律组织形式

1. 企业法律组织形式的类别

从创业者决定创业到企业成立之前，首先要确定企业的法律组织形式。自 1999 年 8 月 30 日，中华人民共和国第九届全国人民代表大会常务委员会第十一次会议通过《中华人民共和国个人独资企业法》之后，2013 年 12 月 28 日第十二届全国人大第六次会议和 2006 年 8 月 27 日第十届全国人大第二十三次会议分别通过了新《公司法》（第三次修订，2014 年 3 月 1 日期实施）和《中华人民共和国合伙企业法》。至此，我国企业法律形式基本上与国际接轨。按中外企业有关法律条款的规定，以及财产的组织形式和所承担法律责任的不同，目前我国企业主要有 3 种基本的法律组织形式：个人独资企业、合伙企业和公司制企业（主要包括有限责任公司和股份有限公司）。

个人独资企业。根据《中华人民共和国个人独资企业法》，个人独资企业是依照本法在中国境内设立的，由一个自然人投资，财产为投资者个人所有，投资人以其个人财产对企业债务承担无限责任的经营实体。设立个人独资企业应当具备下列条件：①投资人为一个自然人；②有合法的企业名称；③有投资人申报的出资；④有固定的生产经营场所和必要的生产经营条件；⑤有必要的从业人员。大多数个人独资企业规模较小，其最典型的特征是个人出资经营、自负盈亏。个人独资企业的主要优势在于创办手续简便，费用低；所有者拥有企业控制权；不存在双重征税问题；技术泄露风险小。其劣势在于企业所有者需承担无限责任；企业的成功与否依赖所有者个人能力；融资比较困难；投资流动性不足；企业随经营者死亡或退出而消亡。

合伙企业。根据《中华人民共和国合伙企业法》，合伙企业是指自然人、法人和其他组织依照本法在中国境内设立的普通合伙企业和有限合伙企业，是指依法设立的，由各合伙人订立合伙协议，共同出资、合伙经营、共享收益、共担风险，并对合伙企业债务承担无限连带责任的企业组织形式。其中普通合伙企业由普通合伙人组成，合伙人对合伙企业债务承担无限连带责任。有限合伙企业由普通合伙人和有限合伙人组成，普通合伙人对合伙企业债务承担无限连带责任，有限合伙人仅以其认缴的出资额为限，对合伙企业债务承担责任。合伙企业一般无法人资格，不缴纳企业所得税。设立合伙企业，应当具备下列条件：①有两个以上合伙人，合伙人应当具有完全民事行为能力；②有书面合伙协议；③有合伙人认缴或者实际缴付的出资；④有合伙企业的名称和生产经营场所；⑤法律、行政法规规定的其他条件。合伙人可以用货币、实物、知识产权、土地使用权或者其他财产权利出资，也可以用劳务出资。

合伙企业的主要优势在于创办手续简便，费用低；能够利用合伙人的技能与技术；合伙更容易筹资；不存在双重征税问题。其劣势主要在于合伙人均承担无限责任；企业成长依赖于合伙人的能力；投资流动性不足；合伙企业随合伙人的死亡或退出而解散。

公司制企业。公司是社会发展的产物，指以营利为目的，由一个股东单独投资组建或者特定人数股东联合投资组建，股东以其投资额或认购的股份为限对公司负责，公司是以其全部财产对外承担民事责任的企业法人。公司与个人独资企业和合伙企业相比，一个最显著的特点是投资者仅以其出资额为限对公司承担有限责任。根据《中华人民共和国公司法》，公司分为有限责任公司和股份有限公司两种类型。

有限责任公司的股东以其认缴的出资额为限对公司承担责任，公司以其全部资产对公司的债务承担责任。设立有限责任公司，应当具备下列条件：①股东符合法定人数。根据我国《公司法》的规定，有限责任公司由 50 个以下股东出资设立；②有符合公司章程规定的全体股东认缴的出资额；③股东共同制定公司章程，我国法律规定有限责任公司章程应当载明以下事项：公司名称和住所；公司经营范围；公司注册资本；股东姓名或名称；股东出资的方式、出资额和出资时间；公司的机构及其产生办法、职权、议事规则；公司的法定代表人；股东认为需要规定的其他事项；④有公司名称，建立符合有限责任公司要求的组织机构；⑤有公司住所。

一人有限责任公司是有限责任公司的一种特殊情形，是指只有一个自然人股东或者一个法人股东的有限责任公司。其特点是投资者是公司唯一的股东，但是一个自然人只能投资设立一个一人有限责任公司，该一人有限责任公司不能投资设立新的一人有限责任公司。一人有限责任公司的股东如果不能证明公司财产独立于股东自己的财产的，应当对公司债务承担连带责任。允许建立一人公司给创业者带来了极大的好处，在一定程度上刺激了创业者的创业行为。首先，创业者通过成立一人公司只需要承担有限责任，极大地降低了创业者的风险。其次，一人公司的合法性可以说在一定程度上降低了公司成立的门槛，创业者可以进入更多的领域。最后，一人公司不存在股东大会和董事会等部门，创业者就是经营者，经营机制灵活，有利于企业针对市场情况迅速做出调整。

股份有限公司的股东以其认购的股份为限对公司承担责任，公司以其全部资产对公司的债务承担责任。设立股份有限公司，应当具备下列条件：①发起人符合法定人数，根据我国《公司法》，股份有限公司应当有二人以上二百人以下为发起人，其中须有半数以上的发起人在中国境内有住所；②有符合公司章程规定的全体发起人认购的股本总额或者募集的实收股本总额；③股份发行、筹办事项符合法律规定；④发起人制订公司章程，采用募集方式设立的经创立大会通过；⑤有公司名称，建立符合股份有限公司要求的组织机构；⑥有公司住所。

2. 新企业法律组织形式的比较和选择

一个新企业可以选择不同的组织形式，或者由个体独立创办单一业主制企业和一人有限责任公司，或者由几个人创办合伙制企业，或者成立法人公司制企业，各种类型的企业组织形式优劣如表 6-1 所示，每一种企业组织形式都有其优点也有其缺陷，创业者可以根据自己的情况选择恰当的组织形式，从而更好地合理配置自己的资源以实现自己的经营目标。创业者在选择组织形式时，应该要考虑到一系列因素，包括创业者的数量和资本、不同组织形式的成本、税收差异、对拥有技术的保密程度、企业设立的程序与手续复杂程度以及创业者的能力与目标等，如表 6-1 所示。

表 6-1　各种企业组织形式优劣比较

组织形式	优　　点	缺　　点
个人独资企业	创办手续非常简便，成本低 所有者拥有企业控制权 不存在双重征税问题 技术泄露风险小	创业者需承担无限责任 企业的成功与否依赖个人能力 融资比较困难 投资流动性不足 企业随创业者死亡或退出而消亡
合伙企业	创办手续比较简便，成本低 能够利用合伙人的技能与技术 资金来源较广 经营上比较灵活	合伙人均承担无限责任 企业成长依赖于合伙人的能力，企业规模受限 投资流动性不足 合伙企业随合伙人的死亡或退出而解散
有限责任公司	投资者以投资额为限只承担有限责任 公司具有独立寿命，易存续 投资人可以多个，促进资本集中 多元化产权结构利于科学化决策	创办手续比较复杂，成本较高 存在双重征税问题 筹资规模受限 资本流动性受限

续表

组织形式	优　点	缺　点
一人有限责任公司	创办手续便捷，成本低 只需要承担有限责任，风险小 进入门槛低，进入领域较广 经营机制灵活，管理成本较低	缺乏信用体系，融资困难 公司发展规模受限
股份有限公司	股东以认购股份为限，只承担有限责任，风险较小 公司具有独立生命，易存续 筹资能力强 资本流动性强 职业经理人进行管理，管理水平较高	成立程序复杂，成本高 存在双重征税问题 公司需定期报告经营与财务状况，信息保密性低 政策法规要求更加严格

（1）投资者的资本和规模

创业者的投入资金，对企业形式的选择具有重大影响。通常情况下，投资较为充足时，创业者可考虑注册有限责任公司；资金紧张时，创业者可考虑个人独资企业或合伙制企业。同时也要注意三种主要企业组织形式对于法定人数的要求，一个人创业可以考虑个人独资企业或一人有限公司；多人投资创业，可考虑合伙制企业、有限责任公司（除一人有限公司），若规模达到一定程度也可考虑股份有限公司。

（2）创业者的企业运作经验

创业者的经营经验对于企业形式的选择影响较大。在通常情况下，创业者的经验丰富，可以采取个人独资企业或者一人有限公司等独立性较强的形式；若经验有限，可以采取合伙制企业或者有限责任公司（除一人有限公司）的形式。

（3）企业承担税负及运营成本

根据税法规定，我国不同企业的组织形式在所得税上存在较大差异，会影响税收负担，是创业者应重点考虑的问题。个人独资企业、合伙企业不是法人实体，不以企业的名义对外承担责任，而由所有者对外承担责任，不缴纳企业所得税，但需缴纳个人所得税。公司制企业的经营收益均需缴纳企业所得税，股东还要对分得的股息、红利缴纳个人所得税，存在重复征税。

（4）行业特点

创业者成立企业所在行业如制造、加工、贸易行业以及研发技术型等较大规模的经营性行业，一般选择合伙制和有限责任公司形式；如规模较小的服务型行业，可优先选择个人独资企业或有限责任公司。

二、新企业的内部组织结构

企业在创业初期需要对内部组织结构进行合理安排，这是做好组织内控建设的基础，是其可以保持长久与持续生产经营的动力。企业内部的组织架构可以建立不同的形式。一般而言，适合新创企业的传统企业组织形式有三类：直线制、直线职能制与矩阵制。随着经济的不断发展以及经济全球化趋势的不断推进，传统组织结构不断调整与优化，并发展出新型的内部架构，产生了网络型（虚拟型）等组织结构。

1. 直线制组织结构

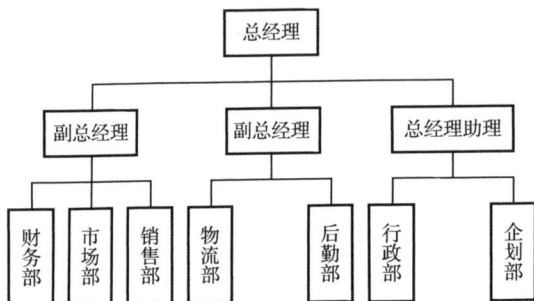

图 6-1　直线制组织结构示意图

直线型组织结构是工业发展初期的一种简单的组织结构形式。其结构特点是上下级的权责关系是直线型，管理工作均由高层管理者直接指挥，不设置专门的职能机构，如图 6-1。

直线制组织结构的优点是机构简单、沟通迅速，权力集中、指挥统一，垂直联系，权责分明，主管人员可以按照自己的判断采取临机应变的措施；其缺点是由于缺乏管理职能分工，企业行政负责人必须是通晓多方面管理业务知识技能的全能管理者，必须亲自处理各种具体业务，这容易使企业领导陷入日常行政事务中，不利于集中思考和研究组织发展的重大问题。因此，直线制组织结构的适用范围有限，它只适合于生产规模较小、生产过程不太复杂、生产技术比较简单的企业，或适用于现场作业管理。大部分新创企业在创业初期都会选择直线制组织结构来开创新的事业。

2. 直线职能制组织结构

直线职能制，又称 U 型组织结构，是组织架构中最为常见的一种形式，它是对直线制的改进，是当前我国各类组织中最常用的一种组织结构形式，广泛适用于企业、学校、医院和政府机关等各类组织。

直线职能制是一种以直线制结构为基础，在厂长（经理）的领导下设置相应的职能部门，实行厂长（经理）统一指挥与职能部门参谋相结合的组织结构形式。

直线职能制的特点是：①厂长（经理）对业务和职能部门均实行垂直式领导，

各级直线管理人员在职权范围内对直接下属有指挥和命令权，并对此承担全部责任。②职能管理部门是厂长（经理）的参谋和助手，没有直接指挥权。其职责是向上级提供信息和建议，并对业务部门实施指导和监督。因此，它与业务部门之间的关系只是一种指导关系，而非领导关系。

直线职能制结构具有许多明显的优点。首先，这种结构专业化程度高，分工细致，任务明确，部门职责界限清晰，便于建立岗位责任制。其次，各级领导者都有相应的职能机构做助手，因而能克服领导者个人知识范围有限的弱点，能更好地满足组织活动日趋复杂化条件下的管理需求。最后，这种结构能充分发挥组织的协作效益，增强了组织对环境变化的适应能力。直线职能制也存在一定缺点，因为它按职能划分部门，各部门分管的业务工作不同，观察和处理问题的角度就会不一致，职能部门之间容易产生矛盾和摩擦，导致组织协调的工作量增加；另外，这种组织形式往往容易使管理人员仅重视与自己有关的业务知识学习和能力培养，而忽视对全局性、关键性问题处理能力的培养，不利于培养企业需求的高层次管理人才。

图 6-2 所示的直线职能制组织结构图反映了该组织结构是对直线型的改进，这种组织结构适用于相对产品单一、销量大、决策信息少的企业，所以部分新创企业会采取此组织结构类型。

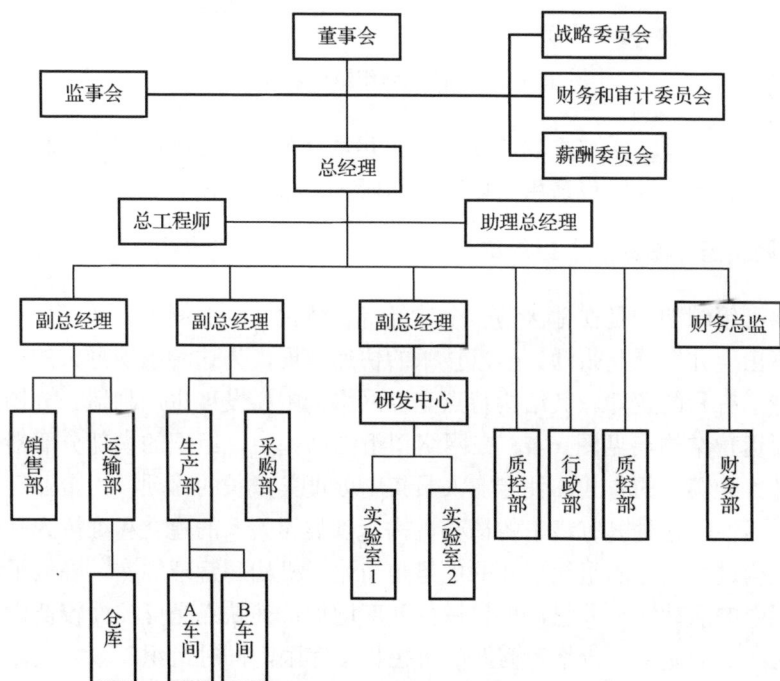

图 6-2　直线职能制组织结构示意图

3. 矩阵制组织结构

矩阵制组织结构，又称为项目型组织架构，是在直线职能制的基础上加强了部门间的横向联系，其结构特点是将按职能划分的部门与按项目划分的小组结合起来，适用于横向协作和攻关项目，见图 6-3。项目小组和负责人可以临时组织并委任相应的权利与责任，在项目攻关完成后可选择解散，相关人员回到原部门继续本职工作。这种组织形式的优势是可以充分利用组织资源，降低企业的运营成本，提高企业的经济效益；其缺点主要表现为成员不固定，有临时观念，有时责任心不够强，同时受到双重领导的影响，导致责任无法明确。

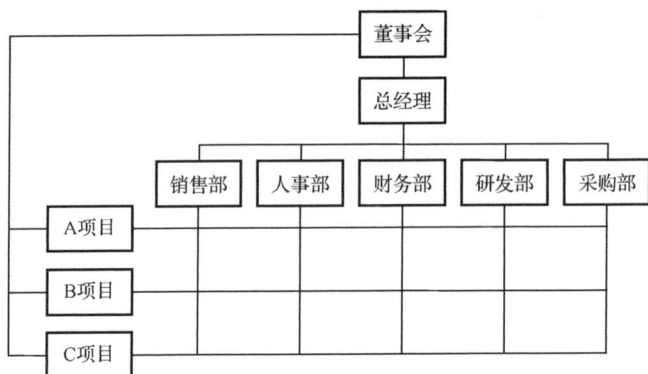

图 6-3　矩阵制组织结构示意图

矩阵制结构适用于重大攻关项目，尤其是临时性、复杂的重大工程建设项目或管理改革任务，同时也适用于以开发和研究为主的新创企业。

4. 网络型（虚拟型）组织结构

网络型组织架构是在地区乃至全球经济一体化、企业间的联系和协作增强的大背景下出现并发展起来的。信息技术的快速发展，为这种组织形式的进一步普及，创造了有利的条件。其结构特点是以网络为中心发展生产制造、分销营销或其他重要运营结构，见图 6-4。在网络型组织结构中，组织的大部分职能采取从组织外部"购买"的方式，使专业人员集中处理其擅长的事项，为企业运营提供高度的灵活性。这种只有精干的核心机构，以契约关系的建立和维持为基础，依靠外部机构进行制造的组织形式的优势是简化了机构和管理层次，降低了管理成本，组织中的活动实现外包，项目进程效率增加；其缺点是可控性较低，项目外包造成对产品的质量、价格等问题的可控程度有限，同时组织凝聚力较差。

网络型组织结构并不适用于所有企业，这种模式较多地适用于灵活度较高的廉价劳动力行业与企业，如服装制造企业、消费电子产品设计、制造业以及类似行业，他们往往需要较大的灵活性并能够对市场的变化做出迅速反应。

企业的组织架构设计需要根据企业的发展战略和目标以及企业日常经营活动的特点来进行，一是纵向的层级划分，梳理行政管理层级及上下级的归属关系；二是横向的同层级间的关系，要形成能使信息连贯有效沟通的通道，采取适宜的组织架构进行合理布局，有效分工，权责明晰可为企业运营提高效率。

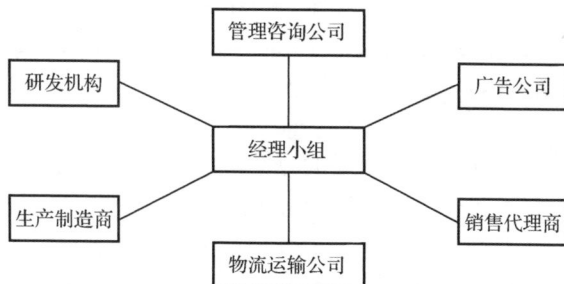

图 6-4 网络型组织结构示意图

三、新企业的选址

企业选址是指在公司建立之前对公司所处的地理位置进行论证和决策的过程。企业选址不仅关系到新建投资额和投资速度，并且在很大程度上决定了企业的成败，位置的好坏影响着企业的生产经营活动和经营效益。

1. 新企业选址的影响因素

创业者选择新企业注册与经营的地点，考虑的因素主要有两点：一是地区选择，这主要指对不同国家、地区或者城市的选择，要考虑各个国家、地区或城市的经济、科技、文化及政治氛围；二是具体地址，这主要表现为具体地点的选择，在郊区、商业中心还是住宅区等，主要考虑市场、交通、资源等因素见表 6-2。

表 6-2 新企业选址的影响因素

选 址 范 围		影 响 因 素
选位	国家	政治稳定性
		经济发展
		文化、宗教信仰等
	地区或城市	区域政策

选址范围		影响因素
选位	地区或城市	发展规划
		基础设施等
具体定址		目标市场
		人力资源
		交通运输等

2. 企业选址的方法与步骤

企业选址往往通过寻找相对合理的方案，经过综合评估，确定最优方案。企业选址主要有量本利法和分等加权法两种方法。

量本利法是一种定量分析方法，可以利用模型或者图表，是从经济利益角度入手做比较的方法。主要步骤：首先确定每个备选地址的固定成本和变动成本；其次计算出各方案的总成本，并绘制出总成本线；最后确定在某一预定的产量水平上，比较各方案的总成本和利润，选取最佳方案。基本假设产量在一定范围内，固定成本不变；可变成本在一定范围内与产量成正比；只有一种产品。

分等加权法（因素评分法）是将定性问题做定量化处理，列出影响选址的所有因素，赋予每个因素相应的权重，最重要的因素权数最大，以此显示它与其他所有因素相比的重要性。主要步骤：首先选择相关的影响因素，赋予每个因素一个权重，并确定一个统一的数值范围，给每一备选地址打分；其次将权数和等级系数相乘，计算出该因素下各个选址的得分数；最后将每一个选址在各因素的所有得分加起来，得分最多的就是最佳选址方案。

四、新企业供应商选择

1. 新企业选择供应商的步骤

选择好的供应商是供应链管理的关键环节，对供应商的选择在创业过程中担当重要的角色。对大多数企业来说，采购成本占产品总成本的70%以上，选择合适的供应商将直接影响企业能否降低成本、增加企业柔性、提高企业的竞争力。随着市场竞争的全球化和剧烈化，产品的生命周期越来越短，质量、交货可靠性、价格、提前期等方面增强了对供应商选择上的复杂性，也扩大了选择范围。因此，供应商选择在创业过程中的战略作用愈加重要。面对供应商选择的多元化，企业的决策者要进行综合考量，对市场环境进行分析，根据企业的长短期发展战略来确定供应商选择目标，结合理论和实践并依据制定评价标准来选择适合自身的供应商，具体步骤如图6-8。

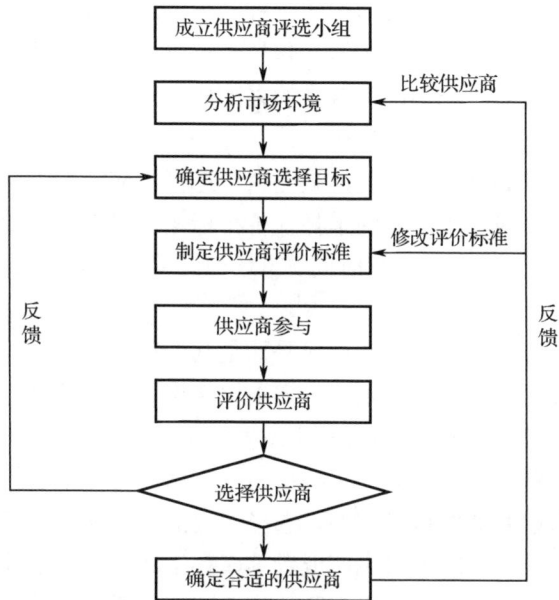

图 6-8　新企业选择供应商步骤示意图

资料来源：林勇，马士华. 供应链管理环境下供应商的综合评价选择研究[J]. 物流技术，2000(05):30-32.

2. 新企业选择供应商的方法

供应商的选择方法有三大类：一是定性分析；二是定量分析；三是定性与定量相结合的方法。定性分析的选择方法是根据历史经验，凭借关系链来选择供应商；定量分析的选择方法是将信息资料依据某种标准量化，得出统计结果，选出供应商。具体方法包括：线性权重法、直观判断法、层次分析法（AHP）、成本法等多种应用方法，不同行业不同类型的企业可根据自身实际状况选择其中的方法并加以应用。

线性权重法是最为常用的方法，主要应用于单货源选择。基本原理是赋予每个指标一定的权重，权重越大表明其越重要，将各个指标进行加权平均计算得到综合成绩进行综合评估，得分最高者为最佳供应商。

直观判断法是属于定性选择方法，指通过信息调查、意见征询、综合分析判断选择供应商，是一种主观性较强的选择方法。

层次分析法是一种定性与定量分析相结合的多目标决策分析方法，它通过充分发挥人的主观能动性来考察不确定的环境，依据人的经验、直觉和洞察力做出判断，把一些定性因素以定量的形式表示出来。

成本法是用来解决单个项目问题的一种常用方法，其基本原理是对能够满足要求的供应商，通过计算其采购成本，包括销售价格、采购费用、运输费用等各项费用的总和，通过对各个不同供应商的采购成本进行比较，最终选择成本较低的供应商的一种方法。

创业企业在管理制度上不完善，缺乏科学选择供应商的方法，为避免主观臆想程度过大，需要形成一个全面的选择评价指标，在参考供应商提供的资料的基础上，依据产品质量、价格、交货时间、市场口碑等角度对多家供应商进行全面、具体和客观的评价。

创业企业初期资金耗用大，原材料采购是其中很重要的点，如果大量采购原材料对企业生产经营影响重大，则应考虑采用直接采购，从而避免中间商加价，以达到降低成本的效果；如果采购数量小或者采购物品对生产经营活动影响不大，则可以通过间接采购，节省企业的采购精力与费用。针对采取国内还是国外采购的问题，则需要考虑企业的自身需要。选择国内的供应商，价格可能相对较低，由于地理位置近，可以实现准时生产或者零库存策略；选择国外的供应商，则可能考虑到一些特殊行业，由于国内产品质量无法达到要求，从而国外采购是最佳选择，但是需要考虑政治环境等多种风险。

创业企业在没有品牌、工厂和销售记录，更没有利润的情况下，如何赢得顶级供应商，这是个极大的挑战。

第二节　新企业管理

多数新企业成立之后想要成长并获得收益，如何进行企业管理使企业迅速成长起来是新企业首先要思考的问题，成长是证明企业成功经营的重要标志，但新企业的成长并不能一帆风顺，从成立到成长的过程中不可避免的会遇到许多问题。本节主要讨论新企业在成长过程中将会面临的一些问题及挑战，以及新企业可以采取哪些战略和管理方式来促进新企业的成长。

一、构建合法性

1. 合法性的含义

所谓合法性，是指在特定社会系统内对一个实体的行动是否合乎期望及对恰当性、合适性的一般认识和假定，它反映的是外部环境对于组织特征或行为是否符合外界的价值观、要求和期望的一种判断与感知。在许多创业研究学者看来，合法性对新企业能否成功来说至关重要。

2. 新企业合法的类型

（1）管制合法性。管制合法性来源于政府、专业机构、行业协会等相关部门所制定的规章制度。一部分制度是以法律的形式来规定的，要求所有企业都必须遵守。另一部分制度则是以行业标准和规范的形式规定，只有属于该行业的企业才必须遵守。一旦新企业按照这些规章制度和标准规范的要求进行经营运作，它就获得了相应的管制合法性。管制合法性对新企业的成长非常重要，如果没有它，新企业很难通过合法的途径去接近和寻求所需的其他资源。例如，如果一个新企业达不到银行贷款所规定的各项标准，它就不能从银行那里获得所需的资金投入。

（2）规范合法性。它也被称为道德合法性，来源于社会的价值观和道德规范。管制合法性反映的是社会公众对企业"正确地做事"的判断，而规范合法性反映的是社会公众对企业做"正确的事"的判断。这种判断是基于企业的行动是否有利于增进社会福利，是否符合广为接受的社会价值观和道德规范。规范合法性有助于新企业接近顾客并获得顾客的认可。顾客的购买行为受其价值观影响，而顾客个体的价值观又根植于整个社会的共同价值观。只要新企业的经营活动符合社会的共同价值观和道德规范，必将会得到顾客的心理认同，愿意购买其提供的产品和服务。

（3）认知合法性。认知合法性是人们对特定社会活动的边界和存在合理性的共同感知。当针对某种技术、产品或组织形式的知识被普遍接受，并被认为是"理所当然"时，认知合法性就表现得越强，更难以被改变。作为产业中的新进入者和创新者出现的新企业，往往被认为是新参与者而缺乏这种普遍认知。例如，今天被视为创业传奇人物的"阿里巴巴"总裁马云和他的互联网事业在创业初期就经历了这样一个阶段："没有人相信他，在1995年的杭州，人们不知道互联网是什么东西。在那段时间里，马云过的是一种被人视为骗子的生活"。

3. 新企业获取合法性的途径

对新企业来说，准确地认识到合法性的来源很重要，但是，如何采取有效的方式获得这些合法性更重要。企业主动地获得合法性有两个主要思路：一是对自身进行改变，如建立完善的组织架构、管理团队和操作流程等；二是对所在的外部环境进行改变，比如企业通过广告和公关来改变管制环境等。

具体来说，新企业可以通过依从、选择、操纵和创造4种有效的途径来获取合法性，参见表6-4。

表 6-4　合法性获取途径的类型和特征

类　型	含　义	特　征
依从	新企业完全依从制度	制度环境难以改变，改变自己服从环境
选择	选择更有利的制度环境	有可以选择的更有利的环境
操纵	影响制度环境	现有制度不能完全接受新企业，需要影响制度管制、规范或认知以使其接纳新企业
创造	创造新的制度环境，建立认知基础	现有制度没有和企业相匹配的认知基础，需要创造新的模式、实践和认知信仰等

资料来源：Zimmerman, M.A., Zeitz, G.J. Beyond Survival: Achieving New Venture Growth by Building Legitimacy [J]. Academy of Management Review, 2002, 27(3):414-431.

不同的合法性获取途径对企业能力的要求不同，同样，不同行业和组织特征的新企业对合法性获取战略的选择倾向也存在差异。因此，创业者应该综合考虑自身资源和能力条件、新企业所处行业的特征、外部环境的宽容程度等，从而选择适合自身发展的合法性获取途径。

二、新企业的运营管理

1. 财务管理

（1）创业成本预算

创业者需要编制创业成本预算，或为使企业运转起来而发生的成本清单。创业成本的高低是影响利润的关键因素，广泛意义上的创业成本主要包括购买机器设备的一次性投入以及维持企业日常经营所需要的运营资金两部分。

企业创业成本是从公司创立和运营的角度出发，涉及公司成立、研发、生产、管理、销售、公关、推广过程中的各种生产要素成本和生产服务成本。创新创业成本既包括创新创业的有形投入，也包括难以量化的信息搜索成本、交易成本、心理成本，以及创新创业失败之后"重整旗鼓"的文化与制度成本。

（2）运营预算

运营预算是创业者对创业初期企业的运营情况的预先估计。运营预算的主要目的是为了企业在整个运营过程中，加强其对经费的控制，使得整个经营管理过程都受到较为精确的预算控制，使得企业能够顺利进行整个运营过程。运营预算的基础是销售预算，即对销售量的估计，通过对销量的预测，创业者就能够确定这些销量的成本。完成销售预算后，创业者就可以关注运营成本了。运营成本包括固定成本和变动成本，固定成本包括管理人员工资、保险、折旧；变动成本包括：直接人工、直接材料。

运营开支一定要与创业计划中的战略相关，以便提出的运营预算为创业企业初期的费用开支估算提供依据。

（3）收入预算

基于生产、销售预算和运营预算，创业者开始编制收入预算，收入预算编制至少要具体到每个月的收入情况。如果可能的话，最好编制出近三年的收入预算表。具体的收入预算编制：收入需要根据目前已经签约的及潜在的合同或者由公司的销售部门主导，其他部门协助，估算出一个数据。成本可以通过一定的利润率推导出来。对收入与成本可以进行一定的分解，如分解到具体的产品、服务、地区或者对应的负责部门。

（4）现金流预算

新企业一旦建立，需要根据实际情况不断调整现金流预算，而且应考虑全面，充分估计各种因素对企业运营的影响。

现金流是实际现金收入与现金支出的差额，现金只有在实际支付或产生收入时才会流动。现金流产生的过程为：股东投入刚刚成立的新企业的现金为实收资本，由于现金在财务上属于非生产性资产，因此，在投入生产经营前，企业为了提高资金盈利水平，一般将这些资金投放于短期内易于变现的金融资产中。当企业资本投入低于企业生产经营所需的现金时，企业就会向金融机构借入资金，形成负债，以维持日常经营，由此构成企业基本的现金流。如果有明显的负现金流存在的话，用利润作为衡量新创企业是否成功，具有一定欺骗性。

对于创业者而言，月度现金预算是非常重要的，它告诉创业者在企业初创时期，其月度现金收支的状况，创业者可以据此平衡筹措资金、开展经营活动。创业者要进行合理的假设和保守的估计，这样才能更好地确定月度收支状况，并平复负现金流月份的缺口。

（5）盈亏平衡分析

在企业初创阶段，盈亏平衡分析有利于创业者知道何时可以实现利润，还将帮助其进一步洞察新开办业务的财务潜力。

盈亏平衡点显示了能承担总变动成本和固定成本的销售量，盈亏平衡分析是基于成本形态划分，在一定的市场和生产条件下，就成本、业务量和利润三者之间的依存关系所进行的分析。针对下游市场不稳定，产品多样化、盈利模式差异化的制造企业来说，应提前做好销售、生产计划，计算好利润，做好资金盈亏平衡分析。即以不同模式量化项目的生产指标、经营计划指标为基础，揭示售价、销量、单位变动成本、固定成本总额以及利润等有关因素之间内在的、规律性的联系。根据对项目成本各种假设变量的变化是否达到盈亏平衡点，判断方案的取舍。盈亏平衡点显示了能承担总变动成本和固定成本的销售量，通过优化、改变各要素的走向，使得项目收益远离盈亏平衡临界值，从而提升项目抗风险能力，达到为企业规划、控制、从而为决策提供必要的经济信息和相应的依据。

2. 人力资源管理

（1）新创企业人力资源管理的特点

➢ 组织层次较少

新创企业由于规模小、资金薄弱、缺乏知名度，在机构设置上要求精简人员、控制成本、反应灵活，其组织结构一般趋于扁平化，决策权往往集中在创业者手中，决策与执行程序相对简单，使新创企业可以高效决策、快速执行，有利于其迅速进行调整以适应市场的变化。

➢ 用人机制较灵活

新创企业的业务具有短、平、快的特点，对人员的要求相对灵活。一方面，新创企业用人并不一味追求学历等硬性指标，更看重具有相似工作经历，能够迅速胜任岗位的业务熟手。另一方面，企业在创立之初分工不明确，急需一专多能的"多面手"员工，具有较高灵活性、创造性、适应性以及吃苦耐劳的员工更容易在新创企业中受到重用。

➢ 家族制管理占主导

新创企业由于制度不完善，个人主义管理色彩比较浓，创业者与骨干员工之间多存在血缘、乡缘、学缘等关系，使企业带有浓厚的"家族"色彩，人情味较重，感情管理大于制度管理。但家族制管理在企业创立之初的确具有竞争优势，这是因为企业在创业初期必须尽快进行原始积累，家族制管理体制在白手起家、共同创业的阶段无疑是适合的。家族制企业的所有权与经营权合二为一，家族利益的一致性以及建立在血缘或亲缘等关系下的信任感，可以将监督成本降到最低。甚至在企业困难的时候，员工可以不计报酬地为企业工作，从而最大限度地降低了激励成本。

（2）新创企业人力资源管理的风险

企业在创立之初，以业务为战略核心是生存所必须，因此企业将主要精力集中于开拓市场、发展业务，而人力资源管理则处于起步阶段，基础薄弱、经验缺乏，尚未建立起规范的管理体系，具体有以下几种风险：

➢ 个人目标与企业目标相偏离

新创企业在业务方向、管理流程、岗位分工及工作环境等方面时常会面临变化与调整，创业者往往着眼于短期的业务目标，而忽略了对企业战略的规划和共同愿景的建立。员工在缺乏共同目标的情况下，只能单纯地完成工作，无法将自己的职业生涯规划与企业的发展联系起来，缺乏长期的激励因素。员工个人为达到短期目标的利己行为，不仅不能形成有利于新创企业发展的合力，反而会产生背道而驰的阻力，动摇处于创业初期的企业根基。

➢ 组织架构及岗位分工混乱

企业在初创期往往缺乏专业的人力资源管理知识和人员，由创业者直接承担主要的人事工作，人力资源管理被置于非职业化与边缘化的位置，导致企业组织架构的建设不完整，岗位分工的设计不清晰。人力资源管理水平的低下，导致员工不了解企业整体的运作架构，对自身的岗位职责以及与其他成员的分工协作关系认识模糊，容易出现某些工作多人重复劳动，某些工作无人问津的现象。员工在日常工作中的主动性受到抑制，通常只能被动地等待接收指令，并疲于应付紧急任务和处理琐碎繁杂的事务。

➢ 员工流动频率过快

新创企业成立时间短，与成熟的大中型企业相比，具有薪酬待遇较差、员工归属感不强以及发展前景不确定等劣势，导致其员工将新创企业当成获得经验的跳板，流动十分迅速，破坏了员工队伍的稳定性。特别是拥有专门技术、掌握核心业务、控制关键资源、具有特殊经营才能等关键员工的离职，容易造成核心技术和商业机密的外泄、客户资源的流失、企业日常运作的停滞等严重损失，极大削弱企业的核心竞争力。

➢ 缺乏系统的员工培训体系

新创企业在用人上以"功利性"为导向，倾向于招聘"业务熟手型"员工。创业者不愿将有限的资金分配到对员工的培训中，并没有将培训作为投资来看待。即使有员工培训，大多也是应急或被动式的技能培训，而忽略了对共同愿景、道德精神、团队合作等综合素质方面的培养，不仅无法建立员工对企业的归属感，更无法形成企业的向心力和凝聚力，导致人力资源成为企业进一步成长的短板。

➢ 对员工绩效考核的主观性较强

新创企业对员工绩效考核的方法不成熟，一方面，与创业者有亲戚、朋友、同学等关系的员工占一定比例，创业者在管理中受感情支配较多，个人色彩较浓，往往缺乏制度观念，对下属的业绩评价具有主观性和随意性；另一方面，新创企业以业绩目标为重心，在考核员工绩效时，通常单纯将业务量或销售额作为考核标准，考核内容不全面，员工对企业目标的认同、职业道德修养以及自我学习能力等都容易被忽略，不能从考核指标中体现出企业长期发展的导向。

（3）新创企业人力资源管理的机制设计

对于新创企业而言，塑造一个"以人为本"的内部环境，构建共创未来的愿景与机制，使人力资源在动态的使用过程中，能够实现其自身增值和价值创造，这是决定创业成功的关键要素之一。所以，创业企业必须建立一套行之有效的人力资源管理机制，选任、培养、激励、留住人才，从而促进新创企业的不断成长。

➢ 选人机制

明确岗位设置，选任合适的人才。在企业中没有什么比将合适的人放在合适的岗位上更重要，当然也没有什么比将不合适的人放在不合适的岗位上对企业和个人造成的浪费和伤害更大。因此，新创企业首先要将岗位设置实现制度化、规范化，对人力资源配置进行谋篇布局，并在此基础上知人善任。

一是根据节约高效的原则设计岗位分工。新创企业资金有限，讲究精打细算，在人力资源上更应该如此，而人才需求分析是控制人力资源成本开支的基础，是关键的第一步。创业者必须清楚企业中哪些岗位一定要设置，分别设置多少人，应当赋予哪些责权等。二是根据德才兼备的原则选任合适的人才。最优秀的人才不一定是最合适的人才，只有根据岗位需求，选择能力和品德与之匹配的员工，才能在促进企业发展的同时，保证员工忠诚度，减少人才流失率。否则，会出现将高能力的人配置到低位置上的情况，导致大材小用，加大人力成本，增加人员跳槽的风险，或者出现将低能力的人配置到高位置上，造成执行力低下，工作上错漏频出的问题。

➢ 育人机制

长期、持续、有计划的员工培训，是企业运行和发展的重要保障，也是吸引优秀人才的有效手段之一。新创企业要以承受能力为基础，从长远发展需要出发，建立全程性、全面性、全员性的培训体系。即培训贯穿员工职业生涯的全过程，涵盖从业技能和综合素质的各方面，覆盖到从高层领导到一线员工的每个人。

首先，要营造奋发向上、不断进取的学习氛围。其次，要分层次、有重点地制订全员培训计划。全员培训不等同于所有员工在同一时期内都要参与培训，而是根据员工个人职业生涯规划和企业战略需要，通过培训需求评估，对不同层次的员工各有侧重地制订培训计划。最后，要在实际工作中科学地衡量培训效果。培训上的投入带来的产出难以量化，可以从对实际工作的针对性和及时性两个角度加以考察。

➢ 用人机制

完善考核机制，激励有为的人才。绩效考核是人力资源发展的基本保证，既可以对员工进行甄选区分，也可以保障企业目标的实现。一方面，绩效考核与薪酬、职务晋升、福利待遇等的紧密挂钩，可以为员工的晋升与发展提供公平竞争的平台，消除新创企业由于"家族色彩"带来的任人唯亲的弊端；另一方面，绩效考核对员工的个人目标进行正确导向，使之与企业整体目标契合，通过员工不断为提高绩效而努力，达到提高企业整体绩效水平的目的。因此，必须建立健全科学的绩效考核机制，使德才兼备的员工得到与之相匹配的待遇，激活员工队伍的能动性和创造性。

首先，厘清考核指标，设定相应的权重。在考核内容上，对德、能、勤、绩进行全面考核，与突出的考核重点并重，指标的设计要体现出企业现阶段的主要导向。根据新创企业的特点，业务类"硬"指标的权重相对较大，综合素质类"软"指标的权重相对较小。在考核方式上，与自己比发展、与别人比业绩、与别人比贡献三位一体，横向与纵向考核双向并行。其次，建立以奖为主、以罚为辅的奖惩机制。绩效考核也需要提高执行力，承诺准确、及时地兑现，能使员工得到最大化的现实收益和心理满足，发挥最大的激励效用。最后，畅通双向沟通渠道，增强双赢共识。为防止对员工考核的片面化，持续的双向沟通应贯穿绩效考核的全过程。在制定考核指标时，需要与员工就目标设定达成共识，同时体现企业对员工的期望与员工对企业的承诺。在考核实施中，畅通的沟通渠道保障员工享有申诉说明的权利，有利于纠正考核偏差，使考核结果获得员工的认同。在考核反馈阶段，动态的沟通能促使企业和员工就如何改进不足、怎样提升绩效以及制定下一个绩效目标达成共识。

➢ 留人机制

培育企业文化，留住最好的人才。企业文化是员工在长期的工作中，经过凝聚提炼形成的共同价值标准、理想信念和行为准则，它能营造出良好的企业内部环境和团队精神，使员工在工作的过程中完成自身发展的定位。良好的企业文化，在薪酬留人和契约留人双保险的基础上，加上了文化留人的第三重保险。

一是将共同愿景作为吸引员工的根本。共同愿景是企业上下由心认同、齐心共筑的未来景象，是看得见的"好处"，也是潜在的长期收益。让员工看到企业的宏伟蓝图，看到企业的未来愿景，使有抱负的雇员产生向往和期待，可以减少新创企业由于待遇较低所带来的负面影响，对员工产生长期的吸引力和内驱力。二是将人本主义作为管理员工的准则。将员工看作是企业的主体，强调员工对管理的参与，从感情上与员工建立心理契约，最大限度地关心人、依靠人、培养人和造就人，才能充分激发员工的热情和进取心，使之从内心深处产生对企业强烈的归属感和责任感，并真正把个人的前途和企业的命运联系在一起。三是将团队精神作为凝聚员工的动力。团队精神使员工产生归属感，愿意把自己的命运和荣辱与团队的发展前途联系在一起，团队成员之间相互信任、帮助扶持、共同进步，共同营造融洽和有责任感的工作氛围，使员工对企业产生较高的忠诚度。

3. 供应链管理

一般而言，供应链是一个涉及上下游许多企业的网络，它的成员包括原料和组件生产、产品组装、批发、零售和仓储、运输等许多独立而又相互关联的企业。供应链管理（Supply Chain Management，SCM）自上世纪兴起以来，受到了学术界和各行业的极大关注。供应链管理的兴起伴随着制造业的全球化和客户需求的多样化。它是以提高企业响应能力和弹性为目标的整合供应商和客户的竞争战略，是一种提升企业竞争力的重要的新型管理模式。供应链管理正是协调管理供应链这一复杂系统，使其高效运行并创造价值的系统性的管理思想和方法。它从战略的高度整合资源，紧密联系原材料订购、产品生产、销售及服务等各增值环节，为企业高效、经济和及时地满足客户需求提供了最有效的管理模式。

供应链管理的内容包括供应商选择、供应商转换、供应风险管理。供应商选择问题是供应管理中的一项重要内容。随着市场竞争的加剧，产品生命周期的缩短，加之客户对产品质量、价格和交货时间等要求日趋严苛，使供应商选择的复杂性倍增。合理地选择供应商可以帮助企业降低成本、增加柔性和提高竞争力。供应商转换是指：采购企业改变原有的供应商结构，用新的供应商部分或者完全的替换现有的供应商，它与其他供应链管理活动的重要区别在于：它可以在不降低供应商和买方关系内部灵活性的同时，提高买卖关系的灵活性。供应链中各企业间的关系是动态的，因为企业需要随时转换合作伙伴以适应市场需求。显然，交易中涉及的商业秘密和技能以及技术转移的困难，意味着供应商的转换需要付出较高的代价。

当代供应链企业之间的关系因为竞争全球化，客户需求的多变和产品生命周期的缩短而变得更加多变、脆弱和不确定，因此企业更应该关注供应风险管理。近年来，企业越来越关注核心业务的发展，导致其对供应商依赖程度的增加，随之而来的是许多以深度合作为基础的单一供应关系的建立：如战略供应商、战略合作伙伴和战略联盟，致使采购企业面临供应中断的风险。一方面供应风险的分析与特定的环境密切相关；另一方面供应风险包括了风险发生的概率和风险的影响两个要素。选取哪一种采购策略更有优势，需要具体问题具体分析，重要的是要找到合适的评价方式。

4. 知识产权管理

知识产权指人们对其智力劳动所创造的成果依法享有的权利。根据我国有关知识产权的法律规定，我国的知识产权类型主要包括：著作权、商标权和专利权等权利类型。知识产权是企业的一项重要资产，对有的企业来说是其竞争力的主要来源，对企业的生存起着至关重要的作用。一家企业的知识产权可能是其最有价值的资产，比如许多品牌的商标和标志。新创企业应该意识到什么是知识产权并学会合理地保护自己的知识产权，但是同样也应注意避免侵犯别人的知识产权。下面具体介绍知识产权主要的三种类型：

（1）专利

专利是指一项发明创造向国家专利局提出专利申请，经依法审查合格后，向专利申请人授予的，在规定时间内对该项发明创造享有的专有权。发明创造可分为三种类型，即发明、实用新型和外观设计。根据中国专利法，发明和实用新型专利被授予专利权后，专利权人对该项发明创造拥有独占权，任何单位和个人未经专利权人许可，都不得使用其专利，即不得以生产经营为目的制造、使用、许诺销售、销售和进口其专利产品。外观设计专利权被授予后，任何单位和个人未经专利权人许可，都不得实施其专利，即不得以生产经营为目的制造、销售和进口其专利产品。创业者对于其个人或者企业的发明创造应及时提出专利申请，合法的保护自己的利益。当自己的专利受到侵犯时，应积极运用专利法的相关规则要求对方进行赔偿，以维护自己的利益。

（2）商标

商标权是指商标主管机关依法授予商标所有人对其注册的商标受国家法律保护的专有权。商标是用以区别商品和服务不同来源的商业性标志，由文字、图形、字母、数字、三维标志、颜色组合或者上述要素的组合构成，是商标注册人依法支配其注册商标并禁止他人侵害的权利。我国商标权的获得必须履行商标注册程序，而且实行申请在先原则。根据《商标法》规定，商标权有效期10年，自核准注册之日起计算，期满前6个月内申请续展，在此期间内未能申请的，可再给予6个月的宽展期。商标是产业活动中的一种识别标志，是企业的一种无形资产。商标能够使企业与其他企业的产品或服务区分开来，成功的商标能够为企业带来巨大的收益。

（3）著作权

著作权，也称版权，是公民、法人或非法人单位按照法律享有的对自己文学、艺术、自然科学、工程技术等作品的专有权。著作权是自动产生的，随着作品的创作完成而自动产生著作权，无需经过任何法定程序。著作权包括人身权和财产权。人身权又称精神权利，具体包括发表权、署名权、修改权、保护作品完整权。财产权又称经济权利，包括复制权、发行权、出租权、展览权、表演权、放映权、广播权、信息网络传播权、摄制权、改编权、翻译权、汇编权，和应当由著作权人享有的其他权利。如果作者为公民，著作权的保护期限为至作者死亡之后的第50年的12月31日；作品的作者是法人、其他组织的，保护期限到作者首次发表后第50年的12月31日。表6-5中列举了中型创业企业各部门中必须涉及的典型的知识产权类型。

表6-5　中型创业企业典型知识产权类型

部　门	典型的知识产权形式	常用保护方法
营销部门	名称、标语、标识、广告语、广告、手册、非正式出版物、未完成的广告拷贝、顾客名单、潜在顾客名单及类似信息	商标、版权和商业秘密

续表

部　门	典型的知识产权形式	常用保护方法
管理部门	招聘手册、员工手册、招聘人员在选择和聘用候选人时使用的表格和清单、书面的培训材料和企业的时事通讯	版权和商业秘密
财务部门	各类描述企业财务绩效的合同、幻灯片，解释企业如何管理财务的书面材料，员工薪酬记录	版权和商业秘密
管理信息系统部门	网站设计、互联网域名、公司特有的计算机设备和软件的培训手册、计算机源代码、电子邮件名单	版权、商业秘密和注册互联网域名
研究开发部门	新的和有用的发明和商业流程、现有发明和流程的改进、记录发明日期和不同项目进展计划的实验室备忘录	专利和商业秘密

资料来源：裴忠贵，熊威. 知识产权在创业中的作用分析与政策建议[J]. 发明与创新·教育信息化，2019，000(003): 71-72.

产权管理的要旨是保障企业通过技术创新等形式获得的知识成果能及时获得知识产权，强化对自身拥有的知识产权的保护，同时对企业内外知识产权活动及时进行监控，防止侵犯知识产权的行为发生。产权管理在企业知识产权管理中具有重要地位，因为它是企业知识产权管理的基础和重点——企业知识产权管理的绩效如何，与其拥有知识产权的数量和质量是密切相关的，企业知识产权拥有的数量和质量不仅本身是一笔宝贵财富，还是一种重要的战略进攻武器，让企业在市场竞争中具有独特优势，是企业具备核心竞争力的关键。

企业知识产权管理系统是依据企业知识产权管理目标，将知识产权管理诸要素给予合理配置，并明确其活动范围和方式，从而形成相对稳定的、科学的系统。完善的企业知识产权管理系统是保障企业有效运营知识产权的基础，是实现企业知识产权管理目标和落实企业知识产权基本任务的前提条件。

根据企业知识产权的产权管理要求，企业应及时、充分地将对企业技术发展和生产经营具有重要意义的创新成果纳入知识产权保护，防止知识产权在技术开发、生产经营活动的任何环节中流失。为此，企业应当将知识产权管理与企业的技术创新、生产经营、市场营销活动有机地融合，将知识产权保护贯穿于企业活动的始终。知识产权经营管理的形式多样，主要有以下五种形式：一是通过直接利用占优势的知识产权获得企业利润；二是以许可、转让的方式将其知识产权许可或转让给被许可人或受让人，直接获得许可费或转让费；三是以知识产权质押等知识产权证券化的形式进行融资，通过知识产权经营获得风险投资；四是以知识产权进行直接投资；五是知识产权的风险管理与策略规划等。

三、新企业的危机管理

1. 新创企业实施危机管理的重要性

环境对企业的生存和发展具有决定性的作用，环境的变化具有高度的不确定性和复杂性。企业能否适应环境的变化，是其生命力的重要标志之一。任何一个企业如果不能够正确地认识环境、准确地分析环境、科学地预测环境变化并遵从环境发展变化的轨迹调整企业行为，那么企业危机将不可避免。事实上，随着人类的实践和社会的发展，企业危机产生的概率也越来越高，要做到百分之百地准确预测或完全避免是不可能的，企业危机的发生是客观必然的。

作为新创企业，面临的危机会更多。由于新创企业还处于成长初期，抗风险能力比较弱，因此若新创企业不做好危机管理，可能就会对企业的发展产生致命性危害。据资料显示，中国目前有大大小小的 3700 万户企业（包括个体户，个体户也被近似地认为是企业），其中有 80%的企业，也就是将近 3000 万户企业存在着程度不同的疾病；每天有 1.2 万户企业倒闭，平均每分钟有近 9 户企业关门，一年有 400 多万户企业从工商户头上消失。可见，企业的失败概率很高。究其失败的原因均与企业危机管理失效密切相关。因而，企业的危机管理能力已经成为企业重要的竞争力之一。

2. 危机管理的概念与特点

企业危机管理是为了尽可能地减少企业和其利益相关者的损失而对企业危机进行预防和处理的过程。展开来说，企业危机管理是危机管理者通过危机信息分析、危机应对的计划、组织、控制、领导等职能管理过程，最大程度的降低企业和其各个利益相关者可能遭受的各种损害，最终保障企业整体安全、健康和持久运行。

危机管理有如下特点：

（1）突发性。危机往往都是不期而至，令人措手不及，危机发作一般是在企业毫无准备的情况下瞬间发生，给企业带来混乱和惊恐。

（2）破坏性。危机发作后可能会带来比较严重的物质损失和负面影响，有些危机用"毁之一旦"来形容一点不为过。

（3）不确定性。事件爆发前的征兆一般不是很明显，企业难以做出预测。危机出现与否与出现的时机是无法完全确定的。

（4）舆论关注性。危机事件的爆发能够刺激人们的好奇心理，常常成为人们谈论的热门话题和媒体跟踪报道的内容。企业越是束手无策，危机事件越会增添神秘色彩而引起各方的关注。

3. 危机管理的实施

（1）危机预防

危机管理的重点应放在危机发生前的预防，而非危机发生后的处理。为此建立一套规范且全面的危机管理预警系统十分有必要。

➤ 组建企业内部危机管理小组

危机管理并非只是企业公关部门的特有问题，而是企业各职能部门和每一个员工面对的共同的课题。因此，危机管理小组的成员应尽可能选择熟知企业和本行业内外部环境、有较高职位的管理人员和专业人员参加。他们应具有富于创新、善于沟通、严谨细致、处乱不惊、有亲和力等素质，以便于统览全局、迅速作出决策。小组的领导人不一定是企业的最高领导人，但必须能够在公司内部有影响力，能够有效控制、推动小组工作的运行。

➤ 强化危机意识，观察危机前兆，分析预计危机情境

美国微软公司提出"微软公司距离破产只有十个月"，小天鹅公司实施末日管理，其目的都是为了强化危机意识。企业内部危机管理小组要十分关注与企业经营相关的宏观与微观因素的变化趋势，及时发现危机前兆，超前决策，争取主动、尽可能将危机消除在潜伏期。

➤ 企业要从危机征兆中透视企业存在的危机，并引起高度的重视，预先制定科学而周密的危机应变计划。

在国家法律法规和公司政策允许的范围内制定相应的处理对策和计划，计划应具体、明确、有针对性，同时也不可过于拘泥，允许保持一定的灵活性，最后形成书面方案，使之制度化、规范化、为保证危机处理计划的全面性和客观性，可聘请专业公关公司来主持或协同编撰。

➤ 进行危机管理的模拟训练

企业应根据危机应变计划进行定期的模拟训练。模拟训练应包括心理训练、危机处理知识培训和危机处理基本功的演练等方面的问答。定期的模拟训练不仅可以提高危机管理小组的快速反应能力，强化危机管理意识，还可以检测已拟定的危机应变计划是否充实、可行。

（2）危机处理

首先，在危机发生后，当事人应当冷静下来，镇静处理。采取有效的措施，隔离危机，不让事态继续蔓延，并迅速找出危机发生的原因，进行化解处理。掌握宣传报道的主动权，通过召开新闻发布会以及使用互联网、内部网、电话、传真等形式向社会公众告知危机发生的时间、地点、原因、现状、问题、公司目前和未来的应对措施等内容，信息应具体、准确。

其次，以最快的速度启动危机应变计划。找出危机后，处理危机应刻不容缓，果断行动，力求在危机损害扩大之前控制住危机。统一信息传播的口径，对技术性、专业性较强的问题，在传播中也应使用清晰、不产生歧义的语言，以避免出现猜忌和流言。如果初期反应滞后，将会造成危机的蔓延和扩大。

最后，建立有效的信息传播系统，设立 24 小时开通的危机处理信息中心，随时接受媒体和有关公办的访问，做好危机发生后的传播沟通工作，争取新闻界的理解与合作。这是妥善处理危机的关键。

（3）危机总结

➢ 调查分析

对引发危机的成因、预防和处理措施的执行情况进行系统的调查分析。

➢ 评价

对危机管理工作进行全面的评价，包括对预警系统的组织和工作程序、危机处理计划、危机决策等各方面的评价，要详尽地列出危机管理工作中存在的各种问题。

➢ 修正

对危机涉及的各种问题综合归类，分别提出修正措施，改进企业的经营管理工作，并责成有关部门逐项落实，完善危机管理内容，并以此教育员工，警示同行。

➢ 前瞻

危机并不等同于企业失败，危机之中往往孕育着转机。企业应将危机产生的沉重压力转化为强大的动力，驱使自己不断谋求在技术、市场、管理和组织制度等方面的创新，最终实现企业的腾飞与发展。

4. 各类危机的应对

（1）财务危机

陷入财务危机的成因主要包括资产流动性差、过度负债、资产利用效率不高、主营业务不突出、盈利能力差、成本费用过高、投资扩张速度过快和现金回收能力低下等因素。

企业应组织建立风险管控部门来收集、分析宏观经济资料，分析、研究宏观经济周期，从风险管控的角度向战略管理高层提供决策依据，使得企业发展顺应经济运行规律，并建立相应的预警机制，降低财务危机发生的概率。具体来说，企业可以通过构建危机信息系统，随时对企业外部经济环境实施监控，特别是对企业生产经营决策产生重大影响的信息进行即时监控，一旦出现不利变化应立即反馈给企业有关部门，把影响企业发展的不利因素扼杀在萌芽状态，同时制定配套的危机预警方案及应对方案，迅速告知最高决策部门，若有必要，还需进行危机预演，以便在危机真正发生时能从容、高效地应对。

（2）知识产权危机

企业在自主创新、合作创新、技术创新中都可能发生知识产权风险，其中尤以技术风险和法律风险为甚。

对企业知识产权进行保护，首先以拥有自主知识产权为前提。因此，必须提高自己的技术创新能力，还要提高管理的创新能力，加强组织内部知识产权系统的全方位协同作用。其次，要强化领导层和全体员工的知识产权意识，从源头上遏制侵犯他人知识产权的风险。建立企业知识产权档案，包括自有知识产权和外部知识产权，注重知识产权合同管理以及其他合同中有关知识产权的具体条款，当企业的知识产权受到威胁或侵犯时，得以快速利用完备的知识产权档案积极起诉或应诉，最大化地做到知识产权风险规避。最后，一旦已经陷入纠纷，企业要先稳住阵脚，冷静检索、调查、分析对方的知识产权是否合法有效，若有效，再审慎查清自己的行为是否侵犯了对方的知识产权，若确实有侵权事实，可视具体情况考虑是否与对方进行许可、转让等调解事宜，尽量不要在公堂上"硬碰硬"，导致两败俱伤。

（3）客户关系危机

客户关系是指企业因为需要维持经营、完成其赢利目标、承担社会责任，主动与客户形成或者造就的某种内在联系。客户关系能够提供交易的便捷，节省交易的成本，提高交易的速度，更可以使企业公司进一步加深对客户真正需求的了解以及使双方的沟通更加通畅无障碍。

客户关系危机管理，就是对企业的客户关系危机的预防和处理。企业在其经营活动中必然要面对诸如消费者、媒体、合作者、政府等不同类型的客户，企业与这些客户的关系就是所谓客户关系。客户关系危机管理所涉及的具体任务是危机的预防和危机的处理。

➢ 预防

企业应当将危机管理方针政策以及具体的危机预防和处置对策整理成文字资料，根据各个部门职能的不同，制作相应的危机管理手册，对于各部门的危机管理职责做出具体的规定，明确各岗位的危机管理任务。制定危机预控考核标准，实行危机预控审核制度。对于各部门的常规危机管理工作进行定期的检查，并且要求各部门定期上报任务考核表，在相关部门发现潜在的危机征兆之后，要及时地对危机进行预控。

➢ 处理

首先，企业应当在确定已经出现危机的兆头时，开始进行危机处理，迅速成立危机处理专案小组，对危机实行专人专案管理，全面调查危机产生的根源。其次，专案小组还应该抑制危机的无限制扩散，避免一个客户危机影响企业所有客户的关系，影响整个企业的正常运作。最重要的是，企业应立即组织力量实施既定的危机处理措施，如对于供应商客户，可以通过调整回款周期，协助其开拓市场；对于政府采购客户，应尽快与其相关职能部门的上级部门予以沟通，化解危机。

（4）团队危机

初创企业的发展，核心团队起到至关重要的作用。同时，核心团队掌握着企业资源，如：企业核心技术、人脉资源等。为了避免团队危机，减少人才流失，企业可以采取以下措施：

➢ 与流失人才交心

让他意识到企业对他的重视，这样即便他离开企业也不会做危害企业利益的事情。

首先，危机预控管理需要关注团队的工作满意度，虽然导致团队离职的因素有很多，但最根本的还是在于其对工作的满意度。其次，由于团队结构对成员活动的成功与否有重要的影响，因此，应密切关注团队的结构。通过管理者岗位更换、组织结构调整，引导团体结构向健康有利的方向发展，在源头上消化掉团队离职的风险。

➢ 法律保护

对离开企业后窃取企业核心技术、挖企业其他核心团队成员的人员，企业可以按照《中国人民共和国劳动法》、《中国人民共和国专利法》、保密协议等有关规定，拿起法律武器保护企业的合法权益。

➢ 在后备人员中扶植和提升新的核心人才

第三节　品牌建设

一、品牌的含义

品牌是一个名称、名词、符号或设计，或者是它们的组合，其目的是识别某个销售者或某群销售者的产品或劳务，并使之同竞争对手的产品和劳务区别开来。品牌是企业的一种无形资产，一个好的品牌能够给企业带来巨大的价值。比如同样的手机，如果一个是苹果品牌的，其价值就会与其他手机不同，因为大部分顾客都知道苹果品牌并信任这个品牌。即使两部手机的性能一样，苹果品牌的手机也能卖出更高的价格，这也是品牌的意义所在。

二、品牌建设的意义

对于新企业来说，在早期可能更多关注的是企业的生存，好的产品和服务是企业形成和建设品牌的基础和前提。但是新企业在开始时就应该具备品牌意识，带着品牌意识做产品，脚踏实地打造自己的产品或服务，最重要的是要发现自己产品或服务的特性，以获得自己的核心竞争力，当企业的产品或服务深入人心，得到广大消费者的认可和支持时，形成自己的品牌就指日可待。对于新企业来说，如果能够尽快地建立起自己的品牌优势，将从以下几个方面受益：

1. 能够提高企业的声誉，取得消费者和供应商等利益相关者的信任

企业如果没有品牌，就算自己的产品和服务很好，也很难取得顾客的信任，消费者在对待自己完全没有接触过的新产品时，往往会产生抗拒和怀疑心理。企业拥有品牌，能够建立自己与客户之间的信任关系。对于供应商和其他利益相关者来说，与企业进行合作，首先要考虑的就是对成本与风险的衡量，良好的品牌就是企业信誉的保证，从而很大程度上降低了供应商及投资者的顾虑，有助于企业的持续发展。

2. 有利于提升企业的竞争力

当今企业的竞争不再是单一的商品的竞争，而是进入了顾客心智层面、生活层面等各个方面。一个成功的品牌是企业对提供的产品和服务质量的保证，也代表了企业的价值管理和经营理念，当企业的价值观深入消费者心中时，无疑提升了企业的价值。

3. 能够增强企业的凝聚力

成功的品牌建设能够增强员工对企业的归属感和认同感，使他们愿意尽心尽力地对企业负责和卖力，同时也能提升员工的整体素质，有利于吸引和留住人才，有利于企业的长期发展。

三、新企业的品牌建设

品牌建设对新企业的重要性不言而喻，那么新企业应该如何建设自己的品牌呢？一般来说可以按照下面的方式进行：

1. 进行调研

新企业要想建立自己的品牌，首先要做的就是对市场进行调研。调研可以帮助企业了解客户的需求与偏好，企业可以利用调研结果与企业的发展战略和目标相结合，从而有利于确定自己的目标顾客群。

2. 建立品牌定位

定位即企业要找准自己的细分市场，明确自己是为哪些客户群服务，明确自己的产品或服务理念。品牌定位必须以消费者为核心，因为建设品牌的目的就是为了在消费者心中建立起对企业产品或服务的信任，促使消费者购买或使用企业的产品或服务，消费者才是最终决定企业品牌价值的人。具体来说建立品牌定位可以按照三步走原则：第一，明白企业品牌是什么，有什么个性和特征；第二，明确品牌是为哪些人所创建的；第三，确定品牌能为消费者带来什么样的好处。

3. 进行品牌设计

企业在明确自己的品牌定位后需要做的就是进行品牌设计，品牌设计包括企业品牌名称、宣传标语、品牌符号，等等。一个简单且朗朗上口的名称很容易让人记住，具有个性和明显特性的标语也能够吸引顾客或消费者，比如小米的"小米，为发烧而生"就让很多人记住了产品的品牌和特性。

4. 进行品牌宣传

在上面三条都做完之后，企业要做的就是要将自己的品牌传播出去，建立自己的口碑。常用的形式有广告、人员推广、运用媒体和自媒体、公关，等等。

5. 品牌维护

企业在公众心中留下的关于企业产品或服务的个性和特性的认知，反映了品牌的实力与企业的本质，企业想要在市场中持续的发展壮大，品牌维护必不可少。三鹿集团以前在我国是最大的奶粉制造商之一，其奶粉销量连续多年在中国位居第一，三聚氰胺污染事件一出，导致企业声誉急剧下降最后走向了破产，由此可见企业品牌维护的重要性。

品牌是企业的一种无形资产，如果企业拥有一个好的品牌，企业的竞争力将大大提升。当今时代，企业之间的竞争已经不再是单一的商品竞争，而是涉及用户心智、内容、生活情感体验层面的竞争，而品牌正是通往消费者内心的良好渠道。新企业想要在激烈的竞争中生存和发展，做好品牌建设至关重要，以品牌打动消费者并做好品牌维护，才能促进企业持续发展。

本章小结

新企业（新创企业）是指创业者利用商业机会通过整合资源所创建的一个新

的具有法人资格的实体，它能够提供产品或服务，以获利和成长为目标，并能创造价值。在创业者决定成立一家企业后，可以根据自己的资金状况、追求目标等选择成立个人独资企业、合伙企业或公司制企业（包括有限责任公司和股份有限公司）的组织形式。新创企业的组织机构设计应适应企业快速行动的需要，宜采取相对简单的组织机构，包括直线制、直线职能制、矩阵制以及网络型（虚拟型）等。企业选址是指在公司建立之前对地理位置进行论证和决策的过程。新企业选址主要有量本利法和分等加权法两种方法。新企业选择供应商的步骤包括：成立供应商评选小组、分析市场环境、确定供应商选择目标、制定供应商评价标准、供应商参与、评价供应商、选择供应商与确定合适的供应商。

合法性是指在特定社会系统内对一个实体的行动是否合乎期望及恰当性、合适性的一般认识和假定，它反映的是外部环境对于组织特征或行为是否符合外界的价值观、要求和期望的一种判断与感知。新企业合法性的类型包括管制合法性、规范合法性与认知合法性。新企业可以采取依从、选择、操纵和创造四种途径来获取合法性。

新企业的运营管理包含财务管理、人力资源管理、供应链管理与知识产权管理等内容。新企业要重视危机管理，企业的危机管理可以划分为危机预防、危机处理与危机总结三个阶段。品牌是企业的一种无形资产，一个好的品牌能够为企业创造巨大价值。新企业可按照市场调研、品牌定位、品牌设计、品牌宣传及品牌维护过程推进品牌建设。

关键概念

新企业　个人独资企业　合伙企业　公司制企业　企业选址
合法性　品牌建设　知识产权　危机管理

复习思考题

1. 企业不同的法律组织形式各有哪些优缺点？分别适合什么类型的新企业？
2. 企业组织结构有哪几种形式？分别有什么特点。
3. 新企业选址的影响因素有哪些？企业选址的方法具体有哪几种？
4. 供应商选择具体步骤有哪些？可采取哪些方式选择供应商？
5. 新企业获取合法性途径类型和特征分别有哪些？
6. 危机管理的概念与特点是什么？为什么新创企业要重视危机管理？
7. 品牌建设对新创企业的意义有哪些？

8. 新企业如何做好品牌建设？

实践训练

1. 假定你决定用基于前期设计的"创业产品"成立一家新企业，请为这家新企业选择一个合适的城市，并列出 10 个你认为适宜在该城市创立该企业的理由。在此基础上通过网络搜索及创业者访谈等渠道收集该城市创立新企业的相关信息，请分析这些信息与你自己列出的理由存在哪些相同与不同之处，谈谈你的认识与理解。

2. 以小组为单位，查找一个"创业失败"的案例，并完成一份"创业失败案例分析报告"。要求：详细说明案例企业相关信息；认真分析案例企业失败原因；结合案例，谈谈自己从案例中得到的启示。

3. 独角兽企业和瞪羚企业都是指高成长性的企业。以小组为单位，选择 2～3 家独角兽企业或瞪羚企业，分析这些企业快速成长的原因。

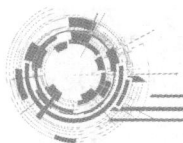

扩展阅读

创业失败

创业活动的风向变化和不确定性程度很高，创业失败的事情相当常见（Knott & Posen, 2000; Lee et al., 2011）。一项美国人口统计局的调查指出，有 34% 的企业在创立的前两年就死亡了，有 50% 的企业存活时间不超过 4 年，有 60% 的企业存活时间不超过 6 年（Hayward et al., 2006）。我国也有类似的数据显示，中国创业企业的失败率为 80% 左右，企业的平均寿命不足 3 年，而大学生创业的失败率更是高达 95%。

就概念本身而言，失败（failure）的定义是最宽泛的——它泛指未达到预期目标的一种状况（Cannon & Edmondson, 2001），可以广泛应用于管理学、经济学、心理学、社会学等领域。失败不仅仅限定于企业或组织自身的失败。当我们关注组织内部的产品开发和设计、市场推广、项目研发、团队合作等层面或事务时，都有可能探讨失败发生的可能性以及相应的应对措施。在组织外部，在产业和区域层面，也常常将失败作为重要的研究议题。

创业失败的研究集中于考察创业活动的失败。这种失败一般指的是新创企业在业务层面的终止（Ropega, 2011），换言之，就是指创业者停止了创业活动，新创企业也被关闭或出售。与创业失败相关的常见词汇还包括死亡（death）、终止（discontinuance）、倒闭（insolvency）、破产（bankruptcy）等（Cope et al., 2004）。创业失败并不是创业者乐于见到的情况，创业者终止企业的业务往往是迫于内外部的不利条件而不得不做出的选择。创业者为了盈利，将所创立的企业出售给他人，则一般不被视为创业失败。

导致创业失败的因素很多，可以将这些因素分为以下四个方面。

（1）行业和市场选择

行业和市场选择错误是创业活动失败的主要原因之一。正确的创业方向有助于提升创业的成功率。行业和市场太大或者太小都不可取，行业和市场处于较早期或者过于成熟也容易导致失败。

（2）产品和服务的设定

如果创业者不能提供有效的产品和服务，顾客很快就会转向特色更鲜明、功能更完善或者价格更有竞争力的同行企业。在很多传统领域或者是技术门槛不高的新兴领域，产品方面的问题是创业失败的重要原因。

（3）商业模式设计

好的商业模式不仅要考虑企业和顾客两个最明显的参与者，而且需要保证供应商、投资方等所有利益相关群体的价值。如果有利益相关方的价值未能得到保障，企业将不能实现可持续发展。

（4）企业经营管理

企业经营管理方面涉及的问题较多，包括人力资源、融资、制度建设等，团队的分歧和矛盾也可以放到这一类型之中。

此外，研究显示，新创企业在不同成长阶段面临的问题存在差异（Terpstra & Olson, 1993）。初创阶段（start-up）的问题主要涉及市场营销（38%）、对外融资（17%）和内部财务管理（16%），综合管理问题（11%）也经常出现。在增长阶段（growth stage），市场营销依然是最主要的问题（22%），但不如初创阶段那么重要。内部财务管理（21%）、人力资源管理（17%）和综合管理（14%）依然是主要问题。此外，增长阶段的制度环境问题（8%）比初创阶段的制度环境问题（1%）要多。最后，在增长阶段将出现组织结构（6%）方面的问题。这些问题都将对企业的成长产生威胁。

资料来源：斯晓夫，吴晓波，陈凌，郇爱其. 创业管理[M]. 杭州：浙江大学出版社，2016; Donald F. Kuratko, Richard M. Hodgetts. 创业学：理论、流程与实践（第 6 版）[M]. 张宗益，译. 北京：清华大学出版社，2006.

章后案例

字节跳动——互联网行业破局者[①]

2012 年 3 月 9 日，北京字节跳动科技有限公司（简称字节跳动）注册成立，同年 8 月上线字节跳动第一款综合资讯类 APP——今日头条，目前，该公司已拥有十多款 APP（应用程序），总注册用户数量达十亿级别，其中的现象级爆款 APP——抖音 DAU（日活跃用户数量）突破 4 亿，公司估值达 750 亿美元，被 CB Insights（全球知名的市场数据研究机构）评为 "全球最大独角兽企业" 之一，并入选 "2019 福布斯中国最具创新力企业榜"。2020 年春节，受新冠肺炎疫情影响，院线停摆、电影撤档，字节跳动迅速以 6.3 亿元买下热门电影《囧妈》的全网独播权，满足了人们 "宅" 在家里欣赏贺岁大片的需求，也创下了春节档电影互联网首播的记录。

1. 产品呈矩阵式多条赛道布局，迭代人气爆款

从 2012 年的今日头条、2016 年的抖音、再到 2017 年的懂车帝、2019 年的飞书，字节跳动的产品层出不穷，涵盖综合资讯、长短视频、娱乐社交、商务办公、在线阅读、垂直社区等多个互联网领域，甚至在同一领域有着不同的产品。这种在同一领域同时布局多个产品形成产品矩阵，进而快速迭代推动明星产品涌现的思维，是对以往互联网公司既有经验的颠覆——无论是微信、微博，还是淘宝、支付宝，过去成功的互联网企业往往把资源聚焦在一个产品上，因为同时布局多款产品会导致流量的分散和资源耗费，对公司内部的技术支持、组织形式和运营管理带来极大挑战。字节跳动却反其道而行之，成为了批量生产手机软件的 "APP 工厂"，并且不断涌现出现象级的流量爆款产品。

这种矩阵式打法的原因有两点：第一，对于单个产品，字节跳动有一套行之有效的内容推荐、算法优化、体验完善的快速开发体系；第二，对于不同产品，字节跳动则有一套成熟的批量生产、数据测试、重点筛选和资源重新配置的标准化迭代流程。这套流程正是字节跳动在今日头条用户数增长逐步进入瓶颈后，能够在抖音等应用上再次实现用户数快速增长的核心原因之一。在 2016 年短视频 "风口" 之际，包括抖音、火山小视频、西瓜视频（原名 "头条视频"）等在内的多款短视频产品在字节跳动内部几乎同时启动，最终抖音在产品矩阵中脱颖而出，实现了公司的第二次流量爆发，自然也赢得了公司内部资源向其倾斜配置的结果。

[①] 邵原. 字节跳动——互联网行业破局者[J]. 企业管理, 2020(04): 72-76.

字节跳动的这一策略可快速总结借鉴每个产品的试错经验，以最低的成本获得最高的迭代效率，并且还可能会在不经意间突破单个产品由于先天性不足所导致的流量天花板。字节跳动目前已构建起以今日头条为核心的综合信息平台和以抖音为核心的短视频社交平台两大产品矩阵，其产品和服务覆盖全球 150 多个国家和地区、75 个语种，在 40 多个国家和地区位居应用商店下载排行榜前列。

2. 组织架构"大中台为支撑，小前台为触点"

字节跳动的组织架构与公司产品矩阵模式相互匹配。不同于腾讯等互联网企业按业务线划分为若干个前中台一体的事业部和事业群，字节跳动在开发不同业务的过程中，逐步构建起以大中台为支撑、小前台为触点的快速试错体系。字节跳动在单个前台产品上的人员配置更加轻量化，十几个人甚至几个人就可以进行产品的生产测试，精干的产品团队能够快速在不同的领域不断地试错，寻找增长空间，继而在产品有市场反响后能够集中资源重点突破。

在中台方面，与利用算法推荐分发内容的产品特点相适应，字节跳动设置了技术、用户增长和商业化三个部门，分别负责流量的留存、拉新和变现，统一向前台输出通用解决方案。其中，技术部门包括算法平台组、互动娱乐组、产品技术组和垂直产品组，除了算法平台组为前台输出基本的算法推荐之外，其余三个组分别负责抖音等娱乐类 APP、今日头条等综合类 APP 以及懂车帝等垂直类 APP 的技术支持工作。除技术部门外，用户增长部门负责用户拉新，商业化部门重点以广告形式实现产品的流量变现工作。

3. 竞争与合作直面行业巨头，重构产业生态

中国互联网领域有 BAT 之说，百度（Baidu）、阿里（Alibaba）、腾讯（Tencent）三巨头瓜分了绝大部分的市场份额。但近年来，众多新型互联网企业或转变目标客户、或创新商业模式、或深耕垂直领域，硬是在市场竞争的"红海"中闯出一片属于自己的"蓝海"。同样，字节跳动也敢于直面行业巨头的强势领域，充分发挥自身优势，或选择竞争，或选择合作，重构着整个互联网的产业生态。

在互联网时代，以百度为代表的搜索引擎是人们进入其他网站获取内容的主要入口，百度因此掌握了互联网时代的第一波流量优势。随着移动互联网时代的到来，传统搜索引擎的流量分发功能正在逐步衰退，垂直领域的搜索产品逐渐以去中心化的方式瓜分着流量入口。作为内容生产与传播平台，字节跳动具备了经营搜索业务的天然优势。自今日头条上线近 8 年来，吸引了近 3 亿 MAU（月活跃用户数），沉淀了大量的内容资料，完全可以作为搜索类产品的信息来源。不仅如此，搜索业务还能弥补其仅靠推荐算法在信息分发上的不足，进而构建起多类型相互协同的信息分发机制，更高效地促进用户与信息的连接。字节跳动正在以搜索体系作为支撑，构建"算法推荐（信息找人）+用户搜索（人找信息）"的一体化信息连接生态闭环，从而将更多的流量留存在自身产品圈内，以保证其用户

黏性的持续增强和内容的不断丰富。

阿里巴巴的市场强势领域在于电商，字节跳动的主打产品与阿里巴巴的赛道相对隔离。近年来，随着直播带货模式的兴起，抖音凭借高转化率与便宜的流量价格引发了淘宝极大的兴趣，两者的东家——字节跳动和阿里巴巴迅速建立起了上下游合作关系：由字节跳动提供大流量入口，阿里巴巴提供电商供应链，二者在带货和电商广告上完成流量的变现，这种优势互补、合作共赢的模式顺应了内容电商化与电商内容化的大趋势。例如，在抖音的电商直播和"种草广告"中，都将阿里巴巴作为后端供应链合作方，在抖音端通过内容完成用户的导流，在淘宝端完成用户的购物转化。直播带货具有传统电商无法比拟的优势。首先，直播体验解决了图文信息效果差和购物体验尚未完全线上化的困扰，提高了商品展示效果，实现了搜索式购物向体验式购物的跨越；其次，直播解决了传统电商所缺乏的用户信任问题，无论是各大短视频的"老铁"，还是全网爆红的李佳琦，无一不是基于粉丝经济下的人际信任所建立的交易模式，这种粉丝对主播的信任是中心化电商平台无法给予的。因此，直播带货成为一块流量洼地，提升了流量的变现效率和电商成交额。

字节跳动不仅在国内吸睛度很高，在海外也掀起一波短视频浪潮。抖音海外版（Tik Tok）于 2017 年 8 月正式上线，截至 2019 年 6 月，其全球 MAU 已经超过 5 亿。Sensor Tower（全球移动应用数据分析公司）2020 年 1 月的统计数据显示，Tik Tok 在 APP Store 和 Google Play 两大主流应用商店的全球总下载量超过 15 亿次，其中仅 2019 年的下载量就高达 7 亿次。Tik Tok 的成功并非偶然。早期的短视频应用由于技术不成熟，用户增长数据往往是昙花一现，但随着技术的进步，短视频领域增长拐点的到来并未引起国外互联网巨头们的足够重视。当 2016 年 Facebook 对收购知名短视频应用 Musically 犹豫不决之时，字节跳动抢先拿下了这家公司的控股权。于是，当 Tik Tok 的 MAU 出现爆发式增长时，国际互联网巨头们竟然找不到一款可以与之抗衡的对标产品。自此，Tik Tok 在海外短视频领域得以一统天下。短视频凭什么能够在国内外如此受欢迎呢？这是因为短视频极大地提升了视频产品生产流通的效率，这一点是 YouTube 和 Facebook 等传统视频公司无法比拟的。短视频内容简短，降低了创作者的门槛；形式多样，降低了用户的观赏门槛；广告转化率高，获得了广告商的极大青睐，使得该平台的广告单价显著高于其他类型平台。并且短视频具有间断性特点，便于算法的理解，更有利于平台自身进行内容推荐。因此，以抖音（Tik Tok）为代表的短视频平台使得视频的生产者、消费者、广告商和平台自身等多方受益。

4．互联网创新没有边界，破局者逆袭随时发生

俗话说："只有想不到的，没有做不到的。"在"一切皆有可能"的互联网时代，创新没有边界，挑战随时发生。随着 Web 3.0 概念的提出，互联网行业的竞

争逐渐进入"下半场"：过去是网站和网民的单项沟通，现在是平台和用户的双向交流，未来将会是平台和用户、用户和用户、平台和平台的全方位互动。随着用户对个性化、场景化、智能化的要求越来越高，新技术、新产品、新模式、新业态将不断涌现，互联网行业将会面临更加精细、更加深入、更加激烈的竞争。

字节跳动正是把握了互联网行业发展的新机遇，踩准了移动互联网时代的每一个"鼓点"，以全新玩法推动了行业格局的重新洗牌。字节跳动秉持建设"全球创作与交流平台"的企业愿景，从以字节为基本量化单位构筑算法精密的底层平台开始，借助大数据和人工智能为用户提供个性化服务，通过"算法+内容"聚拢起大量的流量和数据，并运用产品矩阵的快速迭代式架构推出一个又一个爆款产品，成为业界公认的"APP工厂"。字节跳动时刻都在更新的用户特征数据库，能够越来越细致地进行精准推荐和精准营销，这不仅满足了不同用户的需求，真正做到了信息的"私人订制"，而且大幅提升了用户黏性和广告转化率，实现了企业及品牌价值的持续提升。字节跳动不仅颠覆了传媒业和娱乐业的传统商业模式，而且打破了"赢者通吃"的垄断格局，在巨头林立、狼烟四起的互联网行业异军突起，开辟了移动互联网时代的新"蓝海"。第73届雨果奖最佳科幻小说《三体》中有一句话："我消灭你，与你无关。"这句话形象地描述了互联网行业颠覆式创新的残酷性，揭示了产业迭代和企业更替的基本规律。层出不穷的新事物对墨守成规的旧事物实施降维打击，后者在毫无准备或不知不觉中不得不面临被消灭的事实。随着经济社会的发展和科学技术的进步以及人类生产生活方式的深刻变革，互联网行业具有无比广阔的发展空间。当下，字节跳动正用一套新招数指挥着跳动的字节，秀出自己的舞台，但它也可能随时面临新竞争对手发起的颠覆式逆袭。

【讨论题】

根据上述案例，请思考以下问题：

1. 结合本案例，你认为企业应该如何选择合适的组织结构？
2. 字节跳动取得成功的原因是什么？

参考文献

[1] Kuratko，Hodgetts. 创业学：理论、流程与实践（第6版）[M]. 张宗益，译. 北京：清华大学出版社，2006.

[2] Steve Mariotti，Caroline Glackin. 创业管理:创立并运营小企业（第2版）[M]. 彭代武，陈昀，译. 北京：电子工业出版社，2012.

[3] 阿玛尔·毕海德. 新企业的起源与演进[M]. 魏如山，译. 北京：中国人民大学出版社，2004.

[4] 埃里克·莱斯. 精益创业：新创企业的成长思维[M]. 吴彤，译. 北京：中信出版社，2012.

[5] 本·霍洛维茨. 创业维艰[M]. 杨晓红，钟莉婷，译. 北京：中信出版社，2015.

[6] 彼得·蒂尔，布莱克·马斯特斯. 从0到1：开启商业与未来的秘密[M]. 高玉芳，译. 北京：中信出版社，2015.

[7] 陈劲，郑刚. 创新管理：赢得持续竞争优势（第三版）[M]. 北京：北京大学出版社，2016.

[8] 陈忠卫. 创业团队企业家精神的动态性研究[M]. 北京：人民出版社，2007.

[9] 成海清. 产品创新管理方法与案例[M]. 北京：电子工业出版社，2014.

[10] 贾森·弗里德，戴维·海涅迈尔·汉森. 重来：更为简单有效的商业思维[M]. 李瑜偲，译. 北京：中信出版社，2010.

[11] 赖朝安. 新产品开发[M]. 北京：清华大学出版社，2014.

[12] 林军，唐宏梅. 十亿美元的教训[M]. 杭州：浙江大学出版社，2011.

[13] 刘飞. 从点子到产品 产品经理的价值观与方法论[M]. 北京：电子工业出版社，2017.

[14] 鲁百年. 创新设计思维（第2版）[M]. 北京：清华大学出版社，2018.

[15] 罗伯特A·巴隆，斯科特A·谢恩. 创业管理：基于过程的观点[M]. 张玉利，谭新生，陈立新，译. 北京：机械工业出版社，2007.

[16] 罗仕鉴，朱上上. 用户体验与产品创新设计[M]. 北京：机械工业出版社，2016.

[17] 伦纳德·A. 施莱辛格，查尔斯·F. 基弗，保罗·B. 布朗. 创业：行动胜于一切[M]. 郭霖，译. 北京：北京大学出版社，2017.

[18] 米哈里·西斯赞特米哈伊. 创造力[M]. 黄珏苹, 译. 杭州: 浙江人民出版社, 2015.

[19] 默尔·克劳福德, 安东尼·迪·贝尼迪托. 新产品管理(第 11 版)[M]. 刘力, 王海军, 译. 北京: 电子工业出版社, 2018.

[20] 帕蒂·麦考德. 奈飞文化手册[M]. 范珂, 译. 杭州: 浙江教育出版社, 2018.

[21] 乔·卡伦. 创业简史[M]. 王瑶, 译. 北京: 中国人民大学出版社, 2017.

[22] 斯晓夫, 吴晓波, 陈凌, 邬爱其. 创业管理[M]. 杭州: 浙江大学出版社, 2016.

[23] 孙洪义. 创新创业基础[M]. 北京: 机械工业出版社, 2016.

[24] 王怀明. 组织行为学: 理论与应用[M]. 北京: 清华大学出版社, 2014.

[25] 亚历山大·奥斯特瓦德, 伊夫·皮尼厄. 商业模式新生代[M]. 王帅, 毛心宇, 严威, 译. 北京: 机械工业出版社, 2011.

[26] 亚瑟·C. 布鲁克斯. 社会创业: 创造社会价值的现代方法[M]. 李华晶, 译. 北京: 机械工业出版社, 2009.

[27] 俞敏洪. 我曾走在崩溃的边缘[M]. 北京: 中信出版集团股份有限公司, 2019.

[28] 张玉利, 薛红志, 陈寒松, 李华晶. 创业管理(第 5 版)[M]. 北京: 机械工业出版社, 2020.

[29] 周鸿祎. 极致产品[M]. 北京: 中信出版集团, 2018.

[30] 朱恒源, 余佳. 创业八讲[M]. 北京: 机械工业出版社, 2016.